# Bruno Osimo

con Giada Fardin

## SEMIOTICA PER PRINCIPIANTI

ovvero

impara la disciplina più astrusa con le
canzonette

Prefazione di Michela Fregona

Copyright © Bruno Osimo 2021

Redazione: Giada Fardin

Bruno Osimo è un autore/traduttore che si autopubblica

La stampa è realizzata come print on sale da Kindle Direct Publishing, Wrocław

ISBN 9788831462358 per l'edizione cartacea
ISBN 9788831462365 per l'edizione elettronica

Contatti dell'autore-editore-traduttore: osimo@trad.it

# Sommario


Una sedia, un errore, una freccia, uno sguardo. — 5
Introduzione — 12
Prima parte - concetti di base — 15
Almeno tu nell'universo — 15
A cosa servono le mani — 18
Qualcosa che ti lasci il segno — 20
Le fantôme — 23
Elementare — 25
Mille braccia — 27
Per me è importante — 29
Un senso — 31
Ovunque proteggi — 34
Emozioni — 37
Ho visto anche degli zingari felici — 40
Andare via — 43
Sono un orso — 45
Non detto — 48
Genova per noi — 51
Parola — 54
Spaccacuore — 57
Common Sense — 60
Conversazione — 62
Il sole a mezzanotte — 64
Ognuno ha la sua matita — 67
La banda — 69
Confusione — 71

Niente da capire     74
Anna e Marco     76
Spalle al muro     79
Mon émouvant amour     82
Vecchia scuola     84
Eppur mi son scordato di te...     88
Conclusioni     91
Seconda parte - Glossario     94
Abduzione     94
Analogico     94
Attualizzazione     94
Codifica     94
Combinazione     94
Comprensione     95
Concezione processuale del testo     95
Concezione soggettiva del segno     95
Congettura     95
Contiguità     95
Continuo     96
Cultura     96
Culturospecificità     96
Decodifica     96
Deduzione     96
Digitale     97
Discorso orizzontale pratico     97
Discorso verticale poetico     97
Discreto     97
Entropia     97
Evoluzione dei segni esterni     98
Evoluzione dei segni interni     98
Frame     98
Gusto     98
Icona     98
Ideologia individuale     99
Indice     99
Induzione     99
Interpretante     99
Intertestualità     99
Linguaggio interno     100
Linguaggio verbale     100
Metacomunicazione     100

Metalinguaggio 100
Modello 100
Modellizzazione 101
Negazionismo 101
Non-detto 101
Numerico 101
Oggetto 101
Paradigmatica 101
Pattern 102
Processo, Testo come – tra le menti 102
Rappresentazione 102
Sceneggiatura 102
Sé, senso di – 102
Segno 102
Selezione 103
Senso 103
Significatività 103
Significato 103
Significazione 103
Simbolo 103
Sintagmatica 103
Sistema culturale 103
Soggettiva, concezione – del segno 104
Somiglianza 104
Stare per 104
Testo 104
Testo nonverbale 104
Testo verbale 104
Triade 104
Tropo 104
Riferimenti 106
Dello stesso editore 108

# Una sedia, un errore, una freccia, uno sguardo.

Stai per leggere il libro di Bruno Osimo: l'hai soppesato, hai sbirciato qua e là tra le pagine.

È possibile tu ti senta intorno un po' di smarrimento.

Intanto perché non c'è nessun termine inglese praticamente per le prime quaranta pagine (e anche quando infine si manifesta, non è neppure per una parola tecnica, ma è l'inglese di una frase – per di più, una frase che parla d'amore). Cioè: questo è un libro in italiano. Con tutta la sua sintassi, con delle scelte precise, le parole talmente giuste che, anche quando parlano di cose complicate, hanno questa loro caratteristica bizzarra: si fanno capire. Sono sufficienti e confortevoli, non ci fanno mai sentire fuori posto.

Ma poi (e qui il tasso di perplessità è di quelli che fanno alzare le sopracciglia, è evidente): ma a chi serve sapere di semiotica? Oggi, voglio dire. In piena terza rivoluzione industriale. Nel tempo delle olimpiadi di piattaforma informatica e dei procurati infarti causa eccesso di videoconferenze, ora che l'ultima cartilagine tra privato e pubblico è stata demolita e che l'ansia da prestazione sta ripiegata tra i calzini dell'armadio e conosce perfettamente il nostro bagnoschiuma preferito – in *questo* momento storico: che merito, che competenza, che utilità, che servizio ci può portare conoscere la semiotica?

Osimo la fa facile: serve per capire il senso delle cose, dice, con il consueto aplomb.

Il che, a ben vedere, non è una affermazione così innocua.

Ragioniamo: se è l'azione che fa emergere la realtà, perché la realtà è ciò che resiste all'azione, e se le parole sono atti linguistici, questo libro è una azione. Si compromette (e ci compromette) con un gesto di sconfinamento, ovvero la volontà di rendere accessibile una lettura non superficiale del nostro muoverci nel mondo. Ci spinge oltre, verso un luogo incognito del nostro sguardo: *Niemandsland*, una terra di nessuno. E, se nessuno la possiede, la terra non appartiene, ma contemporaneamente appartiene insieme: sicuramente può rivelare pericoli inaspettati - però anche, proprio in virtù di questo, mostrare possibilità di trasformazione, e cambiamento sociale.

Cioè? (La vedo, la domanda che ti sta girando in testa).

Cioè, per esempio, decidere di sposare il femminile come desinenza prevalente del pubblico destinatario di queste pagine. Pare incredibile, e però un semplice ricciolo di vocale sposta completamente l'asse della percezione: leggiamo, e la nostra mente continua a dirci che c'è qualcosa di strano, di inusuale in quello che il testo ci rimanda.

Se ancora ci fossero dubbi sulla responsabilità che ogni parola ha nel fondare il mondo – e, dunque, la nostra realtà – basta questa semplice verifica: come è sufficiente che una vocale ci spiazzi, è evidente che parlare, interpretare, comunicare non sono mai azioni neutre. E capirlo significa poter guardare al mondo in modo diverso.

*Mettiti comodo: questo libro è per quella volta che ti hanno rubato il posto.*

Ci sarà sicuramente una logica che guida, fin dal primo giorno di scuola, tutti gli studenti di tutte le classi a scegliersi affannosamente il proprio posto all'interno dell'aula. Quel posto che, eletto per misteriose corrispondenze magnetiche, resta lo stesso per tutto l'anno. Adulti o ragazzini, universitari o scolari alle prime armi, la storia non cambia: entrano, si guardano intorno, assaggiano l'aria, e poi puntano.

Perché una sedia piuttosto che un'altra è una scelta ermeticamente chiusa, che ciascuno determina solo con sé stesso. Ma, quando il passo è stato fatto, raramente si torna indietro.

Il tempo degli aggiustamenti dura forse le prime due settimane, e gli spostamenti (quelli volontari) hanno poche cause variabili: la mancanza di luce, uno spiffero sulla schiena, difficoltà a vedere la lavagna o, nella maggior parte dei casi, la nascita di nuove amicizie.

Passato il primo periodo di fluidità, però, i corpi rinunciano alla loro deriva. Acquistano la loro identità all'interno dell'organismo classe. E l'identità non è una cosa che capita per caso: deriva da una scelta, da una decisione fondativa. Chi sono io? Devo stabilirlo. Ecco: decido dove sono io rispetto agli altri. E non decido a caso: cerco la mia posizione. È questo il valore di una seggiola piuttosto che di un'altra; è questo che fa sentire a proprio agio oppure no all'interno di uno spazio come un'aula, che condiziona la maniera di starci: quanto posso vedere? quanto voglio farmi vedere? quanto vicino, o lontano dagli altri? di lato o di fronte?

Se la scuola è il primo luogo nel quale ci troviamo a rispondere di un comportamento sociale, il motivo per cui un così pungente senso di offesa, o di rabbia, o addirittura e dolorosamente di defraudazione si è impadronito di noi quella mattina che il nostro posto è stato occupato da altri, lo possiamo comprendere grazie alla semiotica.

Che non potevamo risparmiarci i lacrimoni di quel frangente, ce lo spiega bene Bruno Osimo:

«Veniamo create e cresciute e mandate nel mondo senza gli strumenti necessari per capire cosa significa interagire col contesto – vivere».

*Ogni errore ha il suo principio: questo è un libro sui principi.*

Può, la frequenza di un errore – la sua struttura, l'origine, il suo persistere – far capire quali sono le debolezze, quale il meccanismo, quale ancora il necessario, possibile rinforzo per i cervelli della società di domani?

Se il nostro modo di scrivere non è che il risultato del nostro modo di ragionare, è proprio lì (nell'ortografia, nella sintassi) che sta la questione: una questione grande, di lacerazione.

Qualsiasi sia il canale preferenziale, uno sguardo ai social ci permette di sbirciare dentro le stanze di quell'italiano in pantofole, in pigiama, in mutande che dalle teste passa alle tastiere e diventa realtà, perché della realtà fa parte e ne modella le forme.

Ci sono errori che durano il tempo di un male stagionale (*puLtroppo*. Mai incontrato puLtroppo? Le vittime inconsapevoli di Titti, anagraficamente, corrispondono alla stagione del successo mediatico del pestifero uccelletto).

Altri hanno la ricorrenza di uno starnuto (piuttosto che...

piuttosto che... piuttosto che...).

Ci sono errori teneri ed errori duri, di radici più profonde.

Errori fatui e di sistema, o creativi e interattivi.

E poi c'è lui, ecco.

Il "chi fa che".

La perdita del soggetto. Il re di tutti gli errori, la maestà in trono delle fallacie.

*Ci dicono. Ordinano. Parlano. Vanno. Fanno.* Eserciti di terze persone plurali senza un autore, viste lette copiate amplificate rimescolate. Una enorme massa nella quale crimine e discrimine sono tutt'uno: possibile che non ci si fermi a chiedersi: chi? Chi ha detto, ha fatto, ha scritto, eccetera? Se si avesse contezza della mancanza di un CHI, sarebbero o no depotenziate, ridimensionate, verificate tante parole che circolano?

Prontamente, Bruno Osimo scrive: «Capiamo (...) come l'assenza di qualcosa possa essere significativa quanto la sua presenza, o magari di più».

Sarebbe, insomma, la semiotica, una disciplina utile per interrogarci sul nostro modo di comunicare e su quello di chi ci sta intorno: se cominciamo a contare i *non volevo dire questo, guarda che non hai capito, forse c'è stato un fraintendimento* sui quali ogni giorno inciampiamo (per tacere del disgraziatissimo dire e smentire che pare quasi paradigma assunto nel piano dialettico politico), forse avremmo presente cosa significa il volume di questa faccenda. E quanto pesi nel funzionamento del nostro benessere.

*Questo libro è una freccia: la direzione la dà la musica*

Parlare, tacere, agitarsi, dormire: tutto ciò che facciamo è comunicazione. Non si può non comunicare, dicono in quel di Palo Alto, California. Va da sé che più la società è complessa, maggiore è la complessità dei messaggi che esprime (e, di conseguenza, la difficoltà di interpretarli). Mai come in questo tempo il mondo (tutto intero) è stato tanto potenzialmente limitrofo.

E però vicinanza implica contatto: qui – esattamente qui – mette il dito la semiotica.

«I contatti tra sistemi generano confusione e producono enorme potenziale energetico» scrive giustamente Bruno Osimo, ed è, questo, un potenziale che va decrittato, oppure tende ad esploderci in mano.

Ecco perché va considerata la possibile limitrofia globale nella quale viviamo (o, per lo meno, dovrebbe essere considerata) come una chiave di lettura del nostro presente. I popoli sono come le lingue: viaggiano. Cambiano. Crescono. Trasmutano modelli e modi.

Noi siamo sempre il risultato di qualcosa che è stato prima di noi e che è oltre noi. La velocità con cui questo oggi accade – nel virtuale e nel reale – segna il cambiamento di epoca.

Eppure, solo una generazione fa, sembrava normale contemplare, tra bambini, nella scelta dei costumi per il Carnevale, (tra-)vestirsi, per esempio, da cinese, giapponese, indiano.

Esistono centinaia di album fotografici nei quali, in mezzo a sorrisi frittelle e coriandoli, penzolano qua e là trecce di lana nera posticce, kimono abborracciati e terzi occhi piazzati a vanvera. A guardarli con un poco di sale in testa, viene da chiedersi: ma perché? Doveva fare ridere? Faceva esotico? In Scandinavia si saranno mai vestiti da "italiano" – e, se sì: come?

Quella volta che il nostro cervello registra da che tipo di mentalità possa nascere l'idea che un (altro) popolo possa costituire l'oggetto di un travestimento, i termini "cinese", "giapponese" e "indiano" ci guardano dal loro complesso di vocali e consonanti improvvisamente diversi, come se li avessimo visti *davvero* per la prima volta.

Adesso sì che il discorso si fa interessante: ogni volta che una parola torna in possesso del proprio significato, è interessante. Soprattutto quando appartiene all'abuso comune: ripetuta, rimbalzata, svuotata del peso originario – perché è così che certe parole percorrono in lungo tutta la scala sociale per diventare un sinonimo pregiudicante; non indicano più, ma condannano all'indistinzione. E noi ci autolegittimiamo a non distinguere; a non interessarci alla distinzione. Quindi a perdere di curiosità: allontaniamo, non comprendiamo, abbandoniamo.

Però quando le parole abitano la nostra quotidianità, è proprio lì che si possono più efficacemente stanare, e riattivare. Dunque, che Bruno Osimo utilizzi proprio i testi delle canzoni, quelli che abbiamo ripetuto, imparato e dimenticato, che ci hanno accompagnato sotto la doccia e nelle gite scolastiche, che sono state con noi nel momento delle nostre più profonde solitudini e ci hanno allungato una carezza quando non ce n'era per nessuno: ecco, questo è un ottimo esempio di come la semiotica possa funzionare da lama, incidendo il fondale del senso comune per farci capire i nessi, per dare senso, per mostrare una direzione.

Essere semplici è uno dei mestieri più difficili del mondo. Ci vuole sistema, e ci vuole avere acume: due qualità che non mancano certo a questo libro. Che è un po' come una freccia scagliata all'interno del nostro vissuto: una perfetta parabola incocca, uno per uno, i testi che ci sono familiari e che pensiamo di conoscere. Li svela, li usa, ce li insegna: come, appunto, se li ascoltassimo di nuovo per la prima volta. Poterseli gustare con occhi nuovi è tutta una questione di sguardo.

*Saper guardare è un superpotere. (Ovvero: dell'utilità di poter appartenere a sé stessi)*

Gli studi degli ultimi anni dicono tutti la stessa cosa: uno dei problemi con cui la società si trova già a fare i conti è il fatto che una parte crescente della popolazione non capisce il senso delle cose.

Si scrive analfabetismo funzionale, si legge principio di tragedia collettiva.

Già in condizioni di normalità le cose funzionano grossomodo come quello che ha icasticamente messo in fila Bernard Werber.

Ovvero.

*Tra ciò che penso, ciò che voglio dire, ciò che penso di dire, ciò che dico, ciò che volete ascoltare, ciò che udite, ciò che credete di capire, ciò che volete capire, e ciò che capite ci sono almeno nove possibilità di non capirsi.*

Il principio di Bernard Werber fa già abbastanza impressione letto così di fila. Ora aggiungiamoci il carico da novanta.

Come può essere fatto un mondo in cui si usano parole per il significato che non hanno, e che vengono comunicate senza il tono che dovrebbero avere (come succede ogni volta che utilizziamo male i dispositivi), e per di più che ci raggiungono fuori contesto in ogni possibile momento – a prescindere che siamo o meno

disponibili ad ascoltarle?
Il nostro presente non è solo il tempo di una frattura: è, piuttosto, una faglia. Da una parte sta la frammentazione politica (produttrice di moti sussultori); dall'altra la mescolanza, la sovrapposizione, l'incontro, lo scontro tra sistemi culturali che in vent'anni hanno cambiato il volto della società italiana (origine di moto ondulatorio). Siamo seduti sopra il cratere di un vulcano.
Questo libro è un rilevatore tellurico: serve ad acquisire uno sguardo. Dopo, se si vorrà continuare il picnic tra le fumarole, o si deciderà di prendere le misure, è cosa nostra.
Ma proprio perché esiste dall'atto deliberato di una volontà – quella di invitare a leggere la realtà attraverso gli occhi della semiotica – è prezioso perché riempie un buco.
Uno di quei buchi tutti contemporanei, e tutti inspiegabili (se non con una miopia pervicace e ben praticata) come l'educazione all'immagine (non siamo forse nella società dell'immagine?), l'educazione sessuale (incredibile questa rimozione nel tempo in cui a un bambino di nove anni bastano due tocchi sulla tastiera per arrivare ovunque), l'educazione all'affettività (come se non sapessimo che ci sono questioni, figlie del patriarcato, che pesano come macigni ancora oggi sul nostro modo di ragionare – e, se non sul nostro modo di ragionare, sull'orientamento nelle scelte, sulle aspettative, sull'immaginario, sulle censure e sulle autocensure).
Nella società della connessione non praticare la disciplina della connessione, pur avendola scoperta e strutturata, è un bel mistero.
Si ha un bel dire che "non serve".
Vorrà pur dire qualcosa se il più importante (e famoso, e fortunato, e geniale) romanzo degli ultimi cinquant'anni l'ha scritto un semiotico. O no?
Dunque, avanti: è il momento di farsi qualche vasca di consapevolezza. Ché, in fondo, anche a questo serve, la semiotica: ad appartenere a sé.

Michela Fregona

Belluno, 27 aprile 2021

11

# Introduzione

Quasi nessuno sa cosa sia la semiotica.

Peccato, perché è una disciplina che aiuta a capire molte cose della vita, non soltanto filosofiche, astratte, ma anche le cose di tutti i giorni che succedono a ciascuno di noi.

Non voglio fare qui l'errore di cercare subito di dire che cosa sia con paroloni difficili, e in questo modo giocarmi la fiducia della lettrice che, così gentilmente, è disposta a seguirmi in queste prime righe.

Dirò solo che la semiotica serve a capire il senso della vita, il senso delle cose.

Siamo abituati a usare questa parola, «senso», e già questo ci qualifica come semiotici in erba.

«Ma che senso ha?», «Quello che dici non ha senso» sono frasi che ci scambiamo, e che denunciano che ognuno di noi vede un senso in ciò che gli sta intorno.

La semiotica cerca di spiegare questo senso, come nasce, da cosa scaturisce, quali sono gli elementi fondamentali che lo creano.

Avrete notato che vado a capo dopo ogni affermazione che faccio.

È che non voglio affastellare i concetti, preferisco dirli a uno a uno, di modo che la lettrice se li possa vedere davanti, come una fila di birilli, e decida quando e come buttarli giù, dandoli per acquisiti.

Avrete anche notato che mi rivolgo alla lettrice, ma detesto l'ipocrisia ossessiva del rivolgersi parimenti a maschi e femmine, e detesto anche il sopruso maschile, quindi con arbitrio ho deciso che questa volta saranno i maschi a sentirsi trascurati, a sentirsi quelli a cui non ci si rivolge in modo esplicito.

I maschi sapranno quindi che quando dico «lettrici» mi rivolgo anche a loro.

Dunque, ho scelto una canzone per ogni capitolo.

Le canzoni popolano la nostra mente quando le ascoltiamo e anche dopo.

A volte dentro di noi – a nostra insaputa, e a volte anche contro la nostra volontà – suona una canzone, come un impianto audio interno che ci intrattiene – o ci ossessiona.

La canzone è una poesia con la musica.

Anche le frasi fuori dalle canzoni hanno una musica, ma di solito non sono dotate di uno spartito, e ognuno le "canta" – le pronuncia – come vuole.

La canzone è un testo corredato delle istruzioni su come eseguirlo, performarlo, attualizzarlo.

Con le canzoni si riescono a dire in poche parole anche concetti complessi, grazie all'originale combinazione di parole tra loro, e di parole e musica.

Quando dobbiamo mandare un allegato troppo ingombrante, lo comprimiamo o "zippiamo" perché porti via meno spazio, e la nostra destinataria lo decomprime per poterlo leggere.

Ecco, le canzoni sono come dei file zippati che ci vengono inviati, e poi una volta giunti a destinazione nella nostra mente si decomprimono più e più volte, dando luogo a pensieri ed emozioni.

Per questo motivo, conto su di loro – le canzoni – come ambasciatrici del senso, e della disciplina che lo studia: la semiotica.

Paddy Whannel, con il suo umorismo britannico, ha affermato che la semiotica ci dice cose che sappiamo già usando parole che non capiremo mai.

Per spirito di contraddizione, io cercherò di dire cose che forse non sappiamo ancora del tutto in un linguaggio comprensibile da subito.

A questo punto, spero di avervi convinte a continuare a leggere e perciò non mi resta che augurare buona lettura a tutte e (sì, per quest'ultima volta) a tutti!


Deiva Marina, 25 aprile 2021

# Prima parte - concetti di base

# 1

# Almeno tu nell'universo

«Sai, la gente è sola
e come può lei si consola
ma non far sì che la mia mente
si perda in congetture, in paure
inutilmente e poi per niente»
(Mia Martini).

Dato che la semiotica studia come nasce il senso delle cose e delle parole, si occupa anche dei nostri ragionamenti, cerca di catalogarli.

Il tipo di ragionamento più utile e creativo, che ci porta più lontano da ciò che sappiamo già, è l'**abduzione**.

Vediamo come funziona.

Si parte dalla constatazione di un risultato, per esempio: mio marito torna a casa con un segno di labbra rosse sulla guancia.

Si collega questa constatazione a una regola che, nel nostro esempio, potrebbe essere: quando un uomo ha un segno di labbra rosse sulla guancia, è stato con l'amante.

Se ne **inferisce** un caso: il marito proviene da un appuntamento con l'amante.

Quest'ultima non è una conclusione certa, ma una congettura, come quella della canzone-capolavoro cantata da Mia Martini nella citazione a inizio capitolo.

Nel brano, la cantante esorta l'uomo che ama a non

costringerla a perdersi in congetture – non certe ma comunque sgradevoli – sulla sua eventuale infedeltà.

È vero che l'abduzione **non è certa** (magari mio marito ha incontrato per strada la zia Dionigia che l'ha baciato sulle guance per salutarlo), ma è anche vero che **è creativa**, che l'ipotesi di lavoro che ne scaturisce (mio marito è fedifrago), se sottoposta ad attento controllo, può dare risultati molto interessanti.

Esiste anche un altro tipo di ragionamento, che si chiama induzione, o generalizzazione.

Consiste nel prendere alcuni risultati constatati singolarmente e fare di questi una regola generale.

Per esempio, io constato che il marito di Paola ha un'amante, il marito di Giorgia ha un'amante, il marito di Valentina ha un'amante, quindi **giungo alla regola indotta** che «tutti i mariti hanno un'amante».

Quando mio marito torna a casa, gli faccio una scenata perché **ho indotto** che anche lui ha un'amante.

Ma lui non ha un'amante: l'induzione è un ragionamento ipotetico, che generalizza qualcosa che è considerato frequente, e lo "trasforma" in universale.

Il terzo tipo di ragionamento è la deduzione o tautologia: non aggiunge nulla a quanto si sapeva già in partenza.

Vado in una clinica per fedifraghi, dove curano tutti i mariti che vogliono perdere il vizio di tradire la moglie.

Quindi, la regola di base è che tutti i mariti presenti in questa clinica tradiscono la moglie.

Nell'anticamera della clinica vedo che circolano alcuni mariti che sono venuti qui a perdere il vizio.

Ne **deduco** che questi mariti sono fedifraghi.

Quest'ultima frase è tautologica, ossia ripete una cosa che sapevo già prima, quando mi sono recato alla clinica.

Come si può notare, i ragionamenti più sono certi, più

sono inutili, e più sono utili, più sono ipotetici.

Per questo è importante che tutti sappiano distinguere un tipo di ragionamento da un altro.

Se per esempio diciamo: «Ho visto quell'uomo uscire dalla casa, era spettinato e continuava a voltarsi indietro, correva, e ne ho *dedotto* che era un ladro – perché quando guardo i telefilm polizieschi i ladri fanno sempre così», in realtà si tratta di abduzione (congettura) e non di deduzione (certezza).

In sede di testimonianza a un processo, per esempio, questo fa una bella differenza.

Franco Battiato canta:

> «**Deduco** da una frase del Vangelo
> che è meglio un imbianchino di Le Corbusier»
> (Battiato).

Nemmeno questa di Battiato – che usa la parola «deduco» – è una deduzione ma, semmai, un'abduzione.

Sherlock Holmes è famoso per il suo "metodo deduttivo", ma Arthur Conan Doyle qui ha preso un colossale granchio, perché le congetture del celebre, affascinante investigatore sono in realtà abduzioni.

Questi esempi ci possono essere utili per mostrare come anche i grandi autori, nel parlare quotidiano, usino a sproposito la parola «deduzione» e i suoi derivati.

---

concetti semiotici imparati     tre tipi di ragionamento:
abduzione,
induzione,
deduzione

# 2

# A cosa servono le mani

«A cosa servono le mani se non puoi
congiungerle e pregare senza un Dio
ci puoi contare quattro cinque sei
e **modellare** un'altra uguale a lei»
(Umberto Tozzi).

Gli animali – e noi tra loro – senza rendersene conto hanno un'intensa attività in cui creano incessantemente modelli di quello che osservano.

Fateci caso: non ci limitiamo a guardarci intorno, ma cerchiamo di continuo di aggiungere una logica a quello che vediamo, di capirne cause e conseguenze, per poi applicare lo stesso **modello** ad altre situazioni che ci sembrano simili.

Il nostro cane ci salta addosso felice quando tocchiamo il guinzaglio perché, osservando il nostro comportamento, si è creato un modello semplice.

In questo modello, al suono della zip della giacca che normalmente la padrona indossa per uscire o alla visione del gesto di prendere il guinzaglio, segue a breve la passeggiata con la padrona.

Quando siamo bambini e vediamo per la prima volta un cane – supponiamo un bassotto – non ci limitiamo ad associarlo all'idea di cane, ma creiamo un modello complesso che ci permette di riconoscere qualsiasi altro cane futuro, anche se la prossima volta incontreremo un San Bernardo – o un uomo che ha i capelli e la barba molto lunghi e incolti.

Nella canzone di Umberto Tozzi, l'amata del protagonista è assente, e allora lui modella «un'altra uguale a lei», cioè si immagina cosa farebbe la donna se ci fosse, basandosi sul modello che si è creato di lei.

Questa è la grande differenza tra memorizzare e modellizzare: il modello non è solo la somma di tutto ciò che sappiamo, ma implica anche la possibilità di prevedere ciò che non sappiamo ma potrebbe succedere.

Di ogni persona, di ogni animale, di ogni pianta, di ogni oggetto che abbiamo percepito ci siamo creati un modello tridimensionale, e questo vive dentro di noi e si evolve "come nella realtà", o perlomeno in modo plausibile in base alla realtà che conosciamo.

Guardando un certo albero che non vediamo da un anno, anche se è cresciuto e cambiato, lo riconosciamo, perché dentro di noi anche il suo modello è cresciuto e cambiato.

Questa complessa operazione mentale si chiama «modellizzazione».

Dentro di noi non c'è assolutamente una "copia" della realtà, ma un suo **modello**.

Il modello non è la realtà, ma **sta per** la realtà.

La semiotica è la disciplina che si occupa di tutte le operazioni che sono sintetizzate nel verbo «stare per» (stare al posto di).

Come tutte le altre attività semiotiche, anche se non abbiamo gli strumenti di analisi della realtà che ci offre questa disciplina, la mettiamo in pratica senza rendercene conto.

---

concetti semiotici imparati    modellizzazione; stare per

# 3

# Qualcosa che ti lasci il segno

«Sai, sto pensando a un finale
che ti lasci il **segno**»
(Cristina Donà).

Ho esordito con la promessa di parlare del segno.

Ma che cos'è un segno?

L'eroina di questa canzone ha stabilito di lasciare il suo fidanzato e sta decidendo come lasciare un segno in lui, se in modo dolce, con «un dolcissimo bacio finale che lasci il segno», o più violento, «per bruciarti il cuore».

Comunque vada, lui penserà a lei e con l'occhio della mente non la vedrà com'era o com'è o com'è stata, ma vedrà quello che lei *rappresenta* per lui.

Dentro la mente di lui c'è una *rappresentazione*, un segno, che non è la sua ex fidanzata, ma *sta per* la sua ex fidanzata.

Proprio per questo motivo, lui ha un diritto inalienabile a restare per sempre con il **segno** di lei.

Lui potrà, volendo, amare tutta la vita il segno di lei, che *sta per* lei.

Anche le coppie che non si lasciano – consapevoli o no – vivono questo fenomeno.

Anzi, diciamo subito che le coppie sono formate non da due, ma da quattro entità: i due membri della coppia e le due rappresentazioni reciproche che ognuno dei due si è fatto dell'altra o dell'altro.

Io sto con mia moglie, però quella che amo non è lei (che vive fuori da me), ma la mia rappresentazione di lei (che vive dentro di me).

Mia moglie è un segno (esterno) che, colpendo la mia

mente, produce in me una rappresentazione mentale (interna) del segno-che-è-mia-moglie, e questa eco detta «interpretante» suscita una terza entità: il mio amore per lei, che chiameremo «oggetto».

Io quindi non sto con mia moglie per quello che è, ma per quello che rappresenta in me, per l'interpretante che produce in me, e questo grazie al fatto che l'interpretante suscita in me un oggetto-amore che mi piace.

Fortunatamente i semiotici di solito non festeggiano San Valentino, perché altrimenti direbbero alla fidanzata – al posto del consueto «Ti amo» – qualcosa come «Mi dài dei buoni interpretanti, al punto che la triade che generi in me sfocia nell'oggetto-amore».

La donna impersonata da Cristina Donà nella canzone di questo capitolo ha deciso di lasciare l'uomo perché è stufa di parlare con il suo «cuore vuoto».

Non sapremo mai se lui è cambiato da quando si sono messi assieme ma, a prescindere da questo, siamo certi che è cambiata la rappresentazione di lui dentro di lei.

A un certo punto il segno-lui ha cominciato a produrre degli interpretanti-sensazioni in lei che non rimandavano più all'oggetto-amore.

Benché dotate di un senso d'identità, noi siamo creature in evoluzione, e quindi in una relazione di coppia ci sono almeno tre cose che si evolvono: uno, l'altro, e la relazione stessa.

Anche le parole dentro di noi risuonano in modo sempre diverso: sono anch'esse creature viventi che echeggiano in noi con esiti vari in funzione delle esperienze che facciamo delle parole stesse.

E, dopo avere ascoltato questa canzone di Cristina Donà, non penseremo più nello stesso modo alle parole che contiene, per esempio alla parola «segno».

È per questo che andare a cercare il significato delle parole nei dizionari serve fino a un certo punto.

Fuori dai dizionari, le parole acquisiscono un **senso** che scaturisce dalla vita, dalle interazioni tra le persone, dagli affetti e dagli amori e dagli odi tra persone, tra cose, tra parole.

Altre discipline si occupano dei significati; la semiotica, invece, persegue il senso, in tutte le sue continue evoluzioni, e cerca di capire come si forma.

| concetti semiotici imparati | triade segno - interpretante - oggetto |
| --- | --- |

# 4

# Le fantôme

«Je conviai, sournoisement
la belle à venir un moment
voir mes icônes, mes estampes»
(Georges Brassens).

Da bambini impariamo a disegnare una casa: abbozziamo una base dritta, due linee verticali per le pareti, e due oblique per lo spiovente del tetto.

Chiunque guardi quest'immagine, a qualsiasi lingua o cultura appartenga, vi riconoscerà un'abitazione, un rifugio, una costruzione per ripararsi dagli elementi naturali.

Questo disegno è un **tipo di segno** (le due parole sono imparentate) che può essere capito senza ulteriori spiegazioni o traduzioni, perché **assomiglia** a ciò che rappresenta.

Quando il segno assomiglia a ciò che rappresenta, prende il nome di «icona».

Anche i computer hanno la cosiddetta «barra delle icone» nella quale il disegno di una gomma significa «cancella» e quello di una stampante da cui sporge un foglio significa «stampa».

Nella canzone di Georges Brassens, come scusa per attirare e conquistare una ragazza, il protagonista la invita ad andare a vedere la sua raccolta di icone a casa sua.

La raccolta di stampe o, come in questo caso, di icone è una frase fatta per esprimere una scusa scontata.

Perché ci sia davvero un valido motivo di andare in un luogo, ci vorrebbe qualcosa di sensazionale, significativo; invece le icone, proprio per la loro somiglianza all'oggetto, non dicono molto di nuovo.

«Vieni a vedere le mie icone» è come dire «Vieni a vedere le mie banalità», e sicuramente sottintende un secondo fine che renda plausibile questa richiesta altrimenti assurda.

Occorre però fare attenzione a non confondere l'icona intesa come segno che assomiglia all'oggetto con l'icona in senso artistico.

Le icone delle culture slave – dipinti religiosi su legno – non sono infatti icone in senso stretto ma, come vedremo tra due capitoli, in semiotica sono considerate simboli.

---

concetti semiotici imparati        somiglianza; icona

# 5

# Elementare

«E c'è che vorrei il cielo elementare
azzurro come i mari degli atlanti
la tersità di un indice che indica
questa è la terra, il blu che vedi è mare»
(Elsa Martin, Stefano Battaglia).


Esistono dei segni che rimandano al loro oggetto per
vicinanza, per contiguità, proprio come il dito
indice.

Nella bella lirica che compone questo brano musicale,
non ci si limita a parlare di un indice, inteso come
dito, ma si insiste sul fatto che è un «indice che
indica».

Alle bambine e ai bambini insegniamo che è maleducato
indicare qualcuno per strada.

Indicare qualcuno in un luogo pubblico significa lasciar
capire che si sta parlando di quella persona, il che è
una situazione imbarazzante per l'interessata.

Nella canzone «Sogno numero due» di Fabrizio de André
per esempio si dice:


«Imputato,
il dito più lungo della tua mano
è il medio
quello della mia
è l'indice,
eppure anche tu hai giudicato».

Nella nostra cultura si dà per scontato che puntare l'indice su qualcuno equivalga a giudicarlo.

«Indicare» significa «puntare».

Se vedo una freccia, capisco intuitivamente da che parte punta, capisco che la parte appuntita è quella che suggerisce la direzione verso la quale è protesa.

Se la freccia è un cartello stradale su cui è scritto qualcosa in una lingua che non conosco, comprendo solo che nella direzione verso cui punta quella freccia si va in un luogo suggerito dalla scritta per me indecifrabile.

L'indice è un tipo di segno che ha un rapporto di contiguità con l'oggetto: indica una direzione.

Mentre l'icona è un segno da cui appare ovvio a chiunque *cosa* significa, l'indice è un segno da cui appare ovvio *dove* succede qualcosa, ma non è ovvio cosa.

Se un campeggio vuole fare un cartello stradale comprensibile a persone di qualsiasi lingua/cultura, può realizzare una freccia (indice) sulla quale è disegnata una tenda (icona).

In questo modo l'icona della tenda è rappresentata sulla freccia-indice.

Quindi tutte le persone alla ricerca di un luogo in cui campeggiare, anche se dotate di un camper o una roulotte, troveranno indicazioni per un luogo a loro idoneo a passare la notte.

L'icona della tenda rappresenta il contesto del campeggio nel suo complesso (con bagni, docce, minimarket, eccetera), e non la sola tenda in quanto tale.

Nell'insieme, questo cartello stradale molto comprensibile dice *dove* si trova una *cosa* senza ricorrere a **simboli** comprensibili solo a chi conosca un certo codice.

---

concetti semiotici imparati       contiguità; indice

# 6

# Mille braccia

«Alzando le sue braccia verso il cielo
come simbolo di libertà»
(Laura Pausini).

Nei due capitoli precedenti abbiamo visto che ci sono
segni che assomigliano all'oggetto (le icone) e segni
che sono contigui all'oggetto (gli indici).

Esiste poi un terzo tipo di segno che non è né somigliante
né contiguo all'oggetto: si tratta dei **simboli**.

Nella canzone di Laura Pausini, il bambino protagonista
alza le braccia al cielo come simbolo di libertà.

Ma se il testo della canzone non ce lo dicesse, noi non lo
sapremmo.

Non c'è nessun motivo preciso per cui alzare le braccia al
cielo significhi libertà.

Questo, quindi, è un autentico simbolo.

In un altro contesto, alzare le braccia può essere simbolo
di resa, per esempio.

Osservando la cosa dall'esterno, verrebbe da dire che è
arbitrario dire quello che dice la canzone.

In realtà, per ciascuno di noi quello che agli altri può
apparire arbitrario è intimamente necessario.

Se una persona per dimostrare il proprio senso di libertà
alza le braccia al cielo, sente quel gesto come "quello
giusto" per esprimere quel senso, non lo percepisce
come arbitrario.

Molte parole sono simboli, tant'è vero che nelle varie
lingue se ne usano di diverse per designare i
medesimi oggetti.

Ma quando una persona acquisisce una parola, instaura
    con essa un rapporto paragonabile a quello tra due
    esseri viventi.
Le parole sono un punto di vista sulle cose.
I popoli – le culture – sono diversi perché hanno parole
    diverse, e quindi hanno punti di vista diversi sul
    mondo.
La persona si modifica dopo avere appreso la parola,
    perché comincia a vedere il mondo in modo diverso,
    tenendo conto del punto di vista di quella parola.
La parola modifica il proprio senso agli occhi della
    persona che l'ha appresa, perché via via che la
    conosce, la incontra in contesti diversi, ognuno dei
    quali riaggiusta parzialmente il senso della parola.
Le icone ortodosse – bizantine e slave – che
    rappresentano la Madonna col bambino su sfondo
    dorato, a dispetto della parola «icona», che potrebbe
    far pensare a quelle descritte due capitoli fa, sono
    simboli.
Se mostrate a una persona che non sappia nulla di
    cristianesimo, non ci dirà mai che quello che vede è
    una madonna con bambino.
Ci dirà forse che vede una persona di dubbio genere con
    una grande cuffia gonfia in testa, con vicino un
    uomo (non un bambino, per via dei capelli) in
    miniatura, su uno sfondo d'oro.
Questa è la parte prettamente iconica.
Tutto il resto del senso che noi ci vediamo è invece
    simbolico, frutto di una tradizione culturale.
Tutti i significati simbolici sono limitati all'interno di un
    dato sistema culturale: sono culturospecifici.

concetti semiotici imparati     culturospecificità; simbolo

# 7

# Per me è importante

«Sei solo tu la cosa che **per me è importante**
che per me è importante»
(Tiromancino).

Siamo esposti ogni giorno a migliaia di **segni** (eventi, stimoli, notizie, oggetti, eccetera), al punto che la nostra mente non è in grado di elaborarli e memorizzarli tutti.

Per fortuna, ognuno di noi interpreta ogni segno a modo proprio, e ognuno di noi decide se un segno è più o meno importante, indipendentemente da quanto possa esserlo per altri.

Perché un segno possa entrare a far parte della nostra memoria, deve essere *tradotto* nella propria visione del mondo.

Mi spiego.

Nessuno di noi ha ricordi puri o oggettivi o neutri: tutti i nostri ricordi sono viziati dall'importanza che quei segni hanno per *noi* e sono deformati in funzione di quello che *noi* consideriamo **significativo**.

Eventi che hanno avuto una durata risibile rispetto a una vita intera – per esempio un incontro durato poche ore o addirittura pochi minuti – possono avere una portata enorme, anche maggiore di altri eventi durati molto più a lungo.

In questo senso dicevo che ogni segno viene *tradotto* in base alla visione complessiva – e in evoluzione – e alla risonanza emotiva che ha in noi, ossia in base a come siamo fatti e a quali esperienze abbiamo avuto, che ci fanno apprezzare in modo particolare qualcosa – e trascurare il resto.

Otto miliardi di esseri umani significano otto miliardi di visioni diverse di ognuno dei segni che percepiamo.

Se tutti la pensassimo allo stesso modo, non avremmo nulla da dirci senza ripetere cose già note.

La diversità di visione che caratterizza ogni individuo determina un differenziale che è il motore della socialità: andiamo nella società a vedere come la pensano gli altri, a confrontarci con gli altri.

Questo differenziale genera uno stato permanente di disordine – o «**entropia**».

Le persone con cui ci piace avere a che fare hanno una visione del mondo diversa dalla nostra – altrimenti lo scambio di messaggi sarebbe solo tautologico, ridondante, non informativo – ma non diversa al punto di rendere impossibile la comprensione reciproca.

Nemmeno fossero noti semiotici, Mogol, Calibi, Angiolini, Donida già nel 1965 spiegavano questo concetto nella canzone «Le colline sono in fiore» interpretata da Wilma Goich:

> «Amore, ritorna
> non importa, non fa niente
> se tu non sei diventato più importante
> perché sei *importante per me*».

Mentre altre discipline si occupano del significato, la semiotica si occupa di ciò che è significativo.

Per «significativo» si intende «importante nel contesto», «pertinente», «rilevante».

Mentre il significato è assoluto, la significatività è relativa, ed è relativa all'ambiente in cui è inserita una cosa.

La semiotica quindi non si occupa della cosa in sé, ma della **relazione** tra la cosa e il suo contesto.

Questa "cosa" può essere una cosa vera e propria, o una persona – come nel caso della canzone appena citata – o una parola.

---

concetti semiotici imparati    significatività; concezione soggettiva del segno; entropia

# 8

# Un senso

«Voglio trovare un senso a questa sera
anche se questa sera un senso non ce l'ha
voglio trovare un senso a questa vita
anche se questa vita un senso non ce l'ha
voglio trovare un senso a questa storia
anche se questa storia un senso non ce l'ha
voglio trovare un senso a questa voglia
anche se questa voglia un senso non ce l'ha»
(Vasco Rossi).


Quando pensiamo al significato, ci viene spontaneo pensare alle parole.

Ma ci sono tantissime altre cose che, a ben pensarci, hanno un significato.

«Significare» deriva dal latino *signum ficare*, che vuole dire «fare un segno», o «far conoscere qualcosa mediante segni».

Quando Vasco canta «voglio trovare un senso a questa storia», è come se dicesse «voglio far conoscere a me stesso questa storia mediante segni».

Quindi una storia, una sera, una voglia, una vita, pur non essendo delle parole, sono dei segni, perché rimandano a un senso.

Questo senso è individuale, soggettivo, personale, e infatti Vasco usa la prima persona: *«voglio* trovare».

Non pretende che il senso, una volta da lui trovato, sia poi condivisibile con altri, anzi sa che non lo è.

Con questa canzone gli autori partono da una situazione in cui non trovano senso e "fanno un segno" (*signum faciunt*) mediante la canzone, ossia trovano con la musica e con le parole il modo di esprimere questa situazione.

Le cose senza le parole possono già avere un senso, ma con le parole possiamo cercare di comunicare questo senso ad altri.

Riusciamo a comunicare il senso mediante le parole anche a noi stessi, e lo si vede nella stesura di diari privati destinati alla sola lettura dell'autrice stessa.

Quando scriviamo – o diciamo – le cose che pensiamo, fissiamo nelle parole il senso dei pensieri, e queste parole, in quanto oggetti concreti esterni, possono fare da base per ulteriori pensieri e riflessioni.

Nel 1895, quando Freud inventò la psicoanalisi, il presupposto era che costringere i pensieri a farsi esprimere dalle parole fosse un primo passo utile per analizzare i problemi ed eventualmente trovare una soluzione.

Quando Vasco pensa che «questa storia un senso non ce l'ha», i suoi sono pensieri volatili, sbrigliati, passeggeri, e che possono svanire con la stessa velocità con cui sono venuti.

Quando Vasco decide di *signi-ficarli*, e butta giù le parole e la musica della canzone, ha due obiettivi: fare chiarezza con sé stesso rispetto ai propri pensieri e creare un'opera d'arte.

Spesso le poetesse fanno lo stesso: i turbamenti del loro animo cercano espressione nelle combinazioni di parole che – dopo la dovuta elaborazione – diventano poi poesia.

È raro che una poetessa (o una cantautrice) sia una persona serena, "senza problemi", come si suol dire.

È una professione che si lega a doppio filo a come una persona è fatta, e la produzione dei testi è spesso un processo doloroso, anche se a volte liberatorio.

Ci sono molti studi che correlano alcune patologie psichiatriche alla scelta di queste professioni.

Spesso le autrici usano la metafora del parto e della gestazione per i loro testi: «È uscita la mia ultima creatura», «Sto per partorire», «È stato un parto difficile»…

E naturalmente vale anche la regola della depressione *post partum.*

Vasco esprime la sua fatica nel creare i suoi testi, a *ficare* i
suoi *signa*, già con la sua voce roca, sforzata,
affaticata, con la quale sembra sempre sull'orlo di
non farcela più.
Ogni singolo frammento di suono che esce dalla sua gola
ci dà l'idea della fatica compiuta nel far affiorare
dalla tempesta della sua mente qualcosa di definito,
comunicabile.
Significare non è uno stato, ma un'azione, un processo.

---

| concetti semiotici imparati | significazione |
| --- | --- |

# 9
# Ovunque proteggi

«E ancora proteggi
la grazia del mio cuore
adesso e per quando tornerà l'incanto.
L'incanto di te...
di te vicino a me»
(Vinicio Capossela).

I segni possono essere di due tipi: esterni o interni.

Quelli esterni servono per comunicare con gli altri.

Quelli interni servono per comunicare con sé stessi.

Quelli esterni sono, per esempio, le frasi, i gesti, il corpo, i vestiti, la voce, i disegni, le foto le case, i quadri.

Quelli interni sono, per esempio, i pensieri, le idee, le intuizioni, le opinioni, i gusti, gli affetti, i desideri.

Prendiamo l'esempio del gusto.

Finché un gusto non viene comunicato a nessuno, resta un segno interno.

In quanto tale, può darsi che nemmeno la persona che ce l'ha dentro ne sia pienamente consapevole: a volte semplicemente non ci fa caso.

Se però un amico vede che, ogni volta che vado in pizzeria, ordino la pizza con le cipolle e il peperoncino, potrà osservare: «So qual è la tua pizza preferita».

A questo punto il gusto, finora non comunicato all'esterno e nemmeno mai esplicitato con sé stessi, diventa un **segno esterno**, e io rispondo al mio amico: «Già, non ci avevo fatto caso, ma dev'essere così».

I segni interni, finché non si traducono in segni esterni, possono svanire dalla memoria con la stessa rapidità con cui compaiono.

Andare in pizzeria e dover pronunciare l'ordinazione

costringe il soggetto ad **attualizzare** il proprio gusto, a fissarlo in modo oggettivo.

In semiotica si dice «attualizzare» quando qualcosa di potenziale – per esempio un gusto – viene messo in pratica.

Un gusto viene **attualizzato** con un'ordinazione.

Un testo viene **attualizzato** da una sua recitazione.

Una partitura viene **attualizzata** da un'esecuzione.

Detto questo, c'è un altro livello di distinzione, che riguarda l'espressività.

Alcuni di noi, di fronte al menù, si accontentano di scegliere la pizza che meglio si adatta ai propri gusti.

Altri sono più esigenti e, non trovando nel menù la pizza ideale, chiedono una variante, per esempio: «Una pizza Bomba di Napoli, ma senza peperoni, con dose doppia di acciughe e con farina integrale».

Anche con le frasi succede qualcosa di simile.

Qualcuno, per esprimere i segni interni, si accontenta delle frasi che sono già in circolazione, sentite dire in giro.

Qualcun altro non si accontenta e crea combinazioni nuove, collocazioni strane tra le parole ed eventualmente inventa parole per riuscire a esprimere i segni interni con maggiore approssimazione mediante i segni esterni.

Nella splendida canzone di Vinicio Capossela, il Poeta chiede alla persona amata di conservargli lo stato di grazia dato dalla sua presenza.

Chiede di conservargli l'incanto derivante dalla presenza dell'amata anche quando l'amata fisicamente non c'è.

Chiede che i segni interni – in questo caso affetto, amore, desiderio, gusto – siano riverberati in altri segni interni – l'incanto – in modo da poter sopravvivere bene fino alla ricomparsa della vicinanza dell'amata.

Quindi noi comunichiamo non solo attraverso i segni esterni, ma anche tramite i segni interni, anche se solo con noi stessi.

Quando chiamiamo noi stessi «io», per convenzione grammaticale diciamo che è la prima persona **singolare**, ma dentro di noi esiste una pluralità di voci che esprimono istanze diverse della ragione e degli affetti.

Quindi, dal punto di vista semiotico, «io» è una prima persona plurale.

Queste voci dialogano tra loro, creando al nostro interno dibattiti, prese di posizione, conflitti, liti, armonia, e così via.

Parafrasando Vinicio Capossela, potremmo dire: «Ovunque proteggi la pluralità delle mie voci».

---

concetti semiotici imparati     attualizzazione; evoluzione dei segni interni

---

# 10

# Emozioni

«E stringere le mani per **fermare**
qualcosa che
è dentro me,
ma nella mente tua non c'è»
(Lucio Battisti).

Il testo di questa celebre canzone ci offre svariate suggestioni.

Concentriamoci sulla mente.

La mente ci permette di pensare a una velocità notevole, molto superiore a quella a cui siamo in grado di parlare o scrivere.

Questo perché la mente non ha bisogno delle parole per pensare, ma usa un suo **linguaggio interno**, dove le parole possono apparire occasionalmente senza però essere essenziali.

Il protagonista della canzone stringe le mani per fermare un pensiero quasi come un pescatore primitivo che, privo di qualsiasi strumento tecnologico, stringe le mani per afferrare un pesce guizzante.

È interessante notare che in alcune lingue il verbo «pescare» è proprio reso come «afferrare il pesce».

Stavamo dicendo che i pensieri sfuggono, però per fermarli abbiamo uno strumento simile alle mani della canzone: le parole.

Dentro di noi ci sono quindi due entità: da un lato i pesci guizzanti – il pensiero – e dall'altro il pescatore, che con le parole cerca di fissare, quando ne ha voglia o bisogno, una parte dei pensieri che scorrono nel fiume della mente.

A differenza del pescatore, che non si lascia scappare il pesce catturato, quando noi fotografiamo un pensiero esprimendolo in parole, gli lasciamo comunque continuare il suo corso.

Le nostre frasi diventano quindi istantanee del nostro pensiero, tentativi sempre imperfetti di fissare nelle parole – che sono stabili, definite, concrete – sensazioni, emozioni e riflessioni ultraveloci – che sono invece indefinite, temporanee, provvisorie.

È come se dentro di noi ci fossero due personaggi: un Pittore che dipinge i pensieri, e un Ingegnere che li razionalizza e li scompone in parole e numeri definiti.

Come dicono i Modà:

«Difficile trovar parole molto serie
tenterò di disegnare come un pittore
e farò in modo d'arrivare fino al cuore con la forza del colore».

Il linguaggio del Pittore è immediato: con una pennellata ci dà visione di un intero quadro d'insieme.

Il linguaggio dell'Ingegnere è più costruito: usa pezzi prefabbricati – parole, numeri – e li assembla, li combina in migliaia di modi possibili.

Il linguaggio del Pittore non usa pezzi prefabbricati, ma spazia con la fantasia in tutte le dimensioni in modo *continuo*, permettendoci di immaginare anche cose che non sono mai state dette.

L'Ingegnere non capisce come faccia il Pittore a spingersi al di là delle parole e dei numeri, nell'universo fantastico, senza perdersi, e fatica a trovare le parole per descrivere tutto questo.

Il Pittore non capisce come faccia l'Ingegnere a limitarsi all'uso di pezzi *discreti*, distinti, come possa attenersi all'uso di forme prefabbricate – le parole.

L'Ingegnere e il Pittore non si capiscono, ma trascorrono la loro esistenza a cercare di capirsi.

Ognuno dei due cerca un senso nell'altro, e il nostro senso della vita nasce dai loro tentativi di capirsi, di tradursi l'uno nell'altro.

Sembra quasi che il Pittore dica all'Ingegnere:

«Se c'è una cosa che mi fa impazzire
è il tuo modo di fare
è il tuo modo di parlare
ti guardo per ore
non mi stanco di imparare
quella tua faccia così particolare»
(Mina).

E l'Ingegnere risponde al Pittore con un'altra parte della stessa canzone:

«Se c'è una cosa che mi fa impazzire
è che guardi come i gatti
è il profumo che ti metti [...]
è il sorriso che fai
sono gli occhi che hai
sono i baci che dai».

| concetti semiotici imparati | linguaggio interno e linguaggio verbale; continuo e discreto |

# 11

# Ho visto anche degli zingari felici

«È vero che non ci capiamo
che non parliamo mai
in due la stessa lingua»
(Claudio Lolli).

Il Pittore dunque immagina, pensa, fantastica, s'abbandona, segue fili, fa un uso creativo delle combinazioni più libere tra pensieri concatenati tra loro.

Finché non è necessario comunicare con l'esterno, il Pittore naviga felice nella fantasia senza doversi confrontare con l'Ingegnere.

Quando però la persona desidera esprimere all'esterno i propri pensieri, entra in gioco l'Ingegnere che, con i suoi prefabbricati-parole, combinati in modo creativo, costruisce testi dotati di senso esterno utilizzando **una parte** del materiale fantastico del Pittore.

Il motivo per cui è solo **una parte** del materiale fantastico si può esemplificare con uno scenario casalingo.

Quando tiriamo la pasta per fare i tortelli, la schiacciamo col mattarello e otteniamo una sfoglia di forma irregolare, con un perimetro pieno di linee curve.

A questo punto col coltello, o con la rotellina, o col "timbro", ricaviamo dalla sfoglia le forme prefabbricate che ci servono per i tortelli: a seconda dei casi, cerchi, quadrati, rombi, rettangoli, e così via.

Dopo avere tolto dalla sfoglia le forme prefabbricate, restano sul tagliere gli avanzi della sfoglia: quello che stava intorno alle forme regolari.

La sfoglia dai contorni irregolari assomiglia così alla fantasia del Pittore, mentre le forme regolari per i tortelli assomigliano alla costruttività dell'Ingegnere.

Senza l'amalgama continuo del Pittore non si otterrebbe la pasta, che a occhio nudo è una miscela indifferenziata dei suoi ingredienti: uova e farina.

Senza la struttura regolare dell'Ingegnere, il frutto della fatica del Pittore resterebbe fine a sé stesso, bello ma inutilizzabile per uno scopo pratico.

La sfoglia ritagliata che resta sul tagliere sono le idee che non hanno trovato posto nelle parole dell'Ingegnere: non tutte le idee complete sono state comunicate.

Ecco, questo metodo di trasformazione dei pensieri in parole non è universale: ognuno ha il suo.

Perciò ognuno ha pensieri e fantasie diverse, fa ragionamenti diversi, e li mette in parole a modo suo.

Come dice Claudio Lolli: «non parliamo mai in due la stessa lingua».

Anche se due persone condividono la lingua standard – per esempio l'italiano – non possono mai condividere il modo di mettere in parole – italiane – i propri pensieri.

Paradossalmente, se anche due persone avessero esattamente lo stesso identico pensiero – evento che comunque reputo estremamente improbabile – lo esprimerebbero con combinazioni diverse di parole diverse.

Da questo deriva un certo grado di incomprensione: io ho un'idea, la metto in parole, la comunico a te, che la ritrasformi in un'idea, che però è – almeno un po' – diversa dalla mia, anche se tu pensi che sia proprio la mia.

Complessivamente, in genere, ci si riesce a capire lo stesso, anche se in modo imperfetto, nonostante queste discrepanze tra **codifica** e **decodifica** – così si chiamano queste due operazioni in semiotica.

La codifica è mettere i pensieri in parole.

La decodifica è ricevere queste parole da qualcuno e cercare di capire cosa vogliono dire.

Il Pittore è quello che ha le idee, mentre l'Ingegnere è un "traduttore" che trova le parole per dirle.

Quando la persona sta ricevendo il messaggio, l'Ingegnere lo decodifica, ossia trova le idee corrispondenti a quelle parole.

Il lavoro dell'Ingegnere è grandioso, perché non c'è mai una corrispondenza perfetta tra le parole prefabbricate e le idee multiformi: come i rimasugli di pasta sul tagliere, resta sempre qualcosa che non trova espressione nelle parole.

Solo una mente superficiale potrebbe pensare che il compito dell'Ingegnere sia poco creativo: semmai la differenza è che il Pittore ha una creatività generativa, mentre l'Ingegnere ha una creatività comunicativa – nessuna delle due può vivere senza l'altra.

---

concetti semiotici imparati       continuo e discreto;
<br>codifica e decodifica

---

# 12

# Andare via



Anche le parole, come gli esseri viventi, cambiano e crescono, nascono e muoiono.

Non dobbiamo concepirle come "cose", ma come "creature".

La stessa mutazione del senso in base al contesto che riguarda le persone riguarda anche le parole.

Prendiamo la parola «cane».

Se ne cerchiamo il "significato" nel dizionario, troviamo la definizione che tutti conosciamo.

Osserviamo come cambia però il **senso** nei contesti diversi.

In una canzone di Fabri Fibra è scritto:



Qui il senso è quello di *homo homini lupus*, e la parola «cane» significa all'incirca «ogni persona».

In una canzone di Carmen Consoli è scritto:

voglio un cuore **cane**
voglio un cuore **cane** bastardo».

Qui il senso della parola «cane» è totalmente diverso: significa qualcosa come «robusto, feroce, indifferente, temibile».

In una canzone di Claudio Baglioni è scritto:

«Non guariremo mai da questo mal d'amore
per quella vita che rimane non si muore
fa un male **cane** e su e giù ci sfascia il cuore
e come un **cane** non ci lascia più».

Qui la parola «cane» significa prima «acuto, forte» e poi ha il suo significato da dizionario.

Come si vede da questi esempi, il **senso** che riconosciamo alle parole non è quello che troviamo nel dizionario, ma è frutto di una nostra elaborazione con **strumenti che non ci sono offerti dallo studio della lingua**.

Ciò che ci permette di capire il senso delle parole è lo studio della relazione che si instaura tra le parole e il contesto.

Questo studio la nostra mente lo fa automaticamente, spontaneamente, ed è uno studio semiotico, contestuale.

Dato che nessuno ci insegna la semiotica a scuola anche se esiste una materia scolastica che sembrerebbe insegnarci il significato – quella che si chiama «italiano» – il risultato è che dobbiamo arrangiarci da soli.

Veniamo creati e cresciuti e mandati nel mondo senza gli strumenti necessari per capire cosa significa interagire col contesto – vivere.

---

concetti semiotici imparati

senso; evoluzione dei segni esterni

# 13

# Sono un orso

«Mi butterebbe un po' giù
la tua somiglianza
non sono meglio di te
ma sto bene senza»
(Loqi).

Quando diciamo che l'italiano – per esempio – è la nostra lingua madre, intendiamo che siamo capaci di mettere in fila delle parole in modo non casuale, ma tale da formare un discorso.

«Passami la bottiglia del vino, per favore» è una frase perfettamente formata, e io non ho dovuto pensare a come formarla perché, essendo l'italiano la mia lingua madre, mi è bastato pensare a quello che volevo dire perché prendesse forma nella mia mente.

La prima operazione compiuta dalla mia mente è stata la scelta della prima parola: «passami».

Avrei potuto ottenere lo stesso obiettivo con la frase «Ti dispiace passarmi la bottiglia del vino?».

In questo caso avrei scelto come prima parola «Ti».

Le due frasi sono equivalenti?

No.

La prima è imperativa, esprime maggiore volitività, mentre la seconda è formulata come una domanda, il che rende più facile dare una risposta negativa, volendo.

La nostra mente ha un atteggiamento che vuole

perseguire nei confronti dell'interlocutrice, e in base
a questo atteggiamento tra le tante sceglie la
formulazione più idonea.

La prima parola viene scelta esaminando mentalmente
tutte le possibili alternative per cominciare una frase
del genere.

Per scegliere la prima parola, mettiamo in atto la funzione
che si chiama «**selezione**».

Da quel momento, tutte le parole successive sono scelte
in base alle regole della **contiguità**: dal momento
che la prima parola è «Passami», la seconda non può
essere – poniamo – «divano», «beata», «cantare»,
«disordine», «fu».

La seconda parola, anziché «la», potrebbe però essere
«subito», «se», «ancora», «però», «dai» e molte altre
ancora.

Queste regole di **combinabilità** delle parole in italiano
non ce le ha insegnate nessuno: le abbiamo imparate
per imitazione, senza accorgercene.

Infatti, se nostra madre da piccole ci ha detto «Ho
bisogno *la macchina», noi abbiamo imparato a dirlo
in modo acritico, imitando, in questo caso, una
forma agrammaticale, perché quella corretta sarebbe
«Ho bisogno **della** macchina».

Quindi uno dei due modi in cui il cervello conosce nessi
tra le parole è quello della **contiguità**.

Nella nostra frase c'è per esempio un nesso di contiguità
tra «la» e «bottiglia» e tra «bottiglia» e «del».

L'altro modo usato dal nostro cervello per collegare le
parole tra loro è quello suggerito dalla canzone, la
**somiglianza**.

Se colleghiamo la parola «bottiglia» per somiglianza, non
arriviamo a «la» o a «per», ma, per esempio, a
«bottiglione», «fiasco», «bicchiere», «damigiana»,
«botte», «caraffa» e a molte altre ancora.

La somiglianza però può essere anche per suono, e allora
da «bottiglia» arriviamo a «conchiglia», «fanghiglia»,

«biglia» e così via.

Oppure può esserci somiglianza per durata in sillabe e accentuazione, e allora da «bottiglia» arriviamo a «tragedia», «connesso», «Sant'Elmo» e così via.

Questi due modi di collegare le parole, **contiguità** e **somiglianza**, interessano aree diverse del cervello, perciò non è una distinzione solo teorica, ha una sua base biologica.

Quando si parla di «licenza poetica» – intendendo che le poetesse possono creare delle frasi agrammaticali perché sono artiste – si sottintende, tra le altre cose, che possono fare collegamenti sintattici per somiglianza e non per contiguità.

Quindi le poetesse sovvertono l'ordine costituito della sintassi, a favore di modalità espressive più originali.

Quando una poetessa va a scuola, di solito le sue insegnanti non sono contente del suo modo di scrivere, e correggono le sue frasi poetiche come le frasi di chiunque altro, considerando "errori" quelle che, una volta confermato lo status di poetessa, vengono ritenute eleganti combinazioni di parole.

---

| concetti semiotici imparati | selezione/combinazione; somiglianza/contiguità; funzione paradigmatica e sintagmatica |
| --- | --- |

# 14
# Non detto



Per il fatto che tiene sempre conto del contesto in cui si
svolge la comunicazione, la semiotica ha una
naturale convergenza verso la psicologia.

Se la linguistica può permettersi di fare affidamento su
fonti statiche come dizionari e grammatiche, la
semiotica, disciplina della comunicazione, si basa
sempre sul contesto in cui un messaggio è
comunicato.

La psicologia ci insegna che, quando percepiamo
qualcosa, senza rendercene conto, inseriamo le
informazioni ricevute dai nostri sensi dentro a dei
*pattern*, delle "griglie" in cui memorizziamo le nostre
percezioni passate.

Per ogni situazione, ci creiamo un modello specifico.

Se andiamo al mare d'estate, il nostro modello ci
suggerisce sdraio, ombrelloni, sabbia, gelatai,
costumi, caldo, code in macchina, zanzare.

Se andiamo in pianura Padana d'inverno, il nostro
modello ci propone nebbia, freddo, umidità, buio, e
così via.

Questo fa sì che gli elementi proposti dal pattern ci
vengano in mente *prima ancora* della nostra
percezione: in qualche modo, ce li aspettiamo.

Aspettarsi di percepire qualcosa influenza enormemente
la nostra percezione effettiva, al punto che a volte

teniamo conto più di quello che ci aspettiamo che di quello che vediamo/sentiamo.

Immaginiamo che qualcuno dipinga un gradino delle scale di casa dello stesso colore del cemento e con delle false linee di prospettiva, in modo tale che da lontano e in penombra si abbia l'impressione che quel gradino sia stato rimosso.

La malcapitata utente delle scale, però, aspettandosi la presenza di quel gradino, davanti a questo *tromp l'oeil* avrà un momento di esitazione, rischiando addirittura di inciampare nel gradino 'occultato' e di cadere.

Capiamo quindi come l'assenza di qualcosa possa essere significativa quanto la sua presenza, o magari anche di più.

Questo non ha a che fare con ciò che è percepito, ma con i costrutti della mente.

Analogo ragionamento vale per le parole nei messaggi verbali.

Ogni volta che comunichiamo, diamo per scontate delle cose, e così fa la nostra interlocutrice.

Tutto quello che non viene detto ma che, da un certo punto di vista, secondo qualcuno, e in un certo contesto, sarebbe stato verosimile dire, è più significativo del suo venir detto.

Per esempio, se nel messaggio del 31 dicembre il Presidente della Repubblica non facesse gli auguri alle italiane e agli italiani, tutti ci domanderemmo perché.

La canzone di Malika Ayane con cui ho aperto il capitolo è intitolata «Non detto» e parla di racconti che il suo interlocutore comincia, ma non finisce mai.

E lei come fa a sapere che non li ha finiti?

Evidentemente si aspetta che i racconti continuino lungo una certa direzione comunicativa, ma questo poi non avviene.

Affermando che i racconti sono incompiuti, Ayane esercita un pregiudizio, che è reso possibile dal modello che lei si è creata dei racconti di lui.

Lei infatti non giudica i racconti di lui ogni volta come se fosse la prima volta, ma sulla base della propria esperienza di racconti altrui (categoria generica) e di racconti di lui (categoria specifica) si è costruita aspettative abbastanza precise.

Per questo motivo, si prende la libertà di giudicare se i racconti di lui siano completi.

Questa incompiutezza non sembra disturbarla più di tanto, tanto che a fine strofa afferma «I love you more than words can say»: lo ama più di quanto le parole siano in grado di dire.

In questo modo, anche lei denuncia che nel proprio messaggio c'è una parte che resta non detta.

---

concetti semiotici imparati          non-detto; frame;
sceneggiatura;
pattern

---

# 15

# Genova per noi

«Con quella faccia un po' così
quell'espressione un po' così
che abbiamo noi prima d'andare a Genova»
(Paolo Conte).

Per comunicare all'esterno almeno una parte di quello che il Pittore immagina, disegna, l'Ingegnere costruisce testi considerati intelligibili da qualcuno collocato al di fuori della mente.

Il testo, per essere considerato tale, deve avere due caratteristiche.

In primo luogo, deve avere una **struttura** tecnica che lo tenga insieme: nel caso del testo fatto di parole, le parole devono stare insieme tra loro, devono seguire una sintassi.

In secondo luogo, deve avere un **argomento**, un'altra struttura di contenuto che lo tenga insieme: non è una sequenza di elementi messi insieme a caso, ma ruota intorno a un tema, a un soggetto.

Avrete notato come ho specificato il testo *fatto di parole*.

Sì, in semiotica, il testo può anche non essere fatto di parole.

Per esempio, il nostro corpo, in quanto entità fisica che portiamo in giro e mostriamo agli altri, costituisce inevitabilmente un testo, perché manda un messaggio a chi ci vede, come nella canzone di Paolo Conte.

Quando incontriamo qualcuno, inevitabilmente (e a volte senza farci caso) il suo corpo diventa un **segno** per noi, ossia attribuiamo un **senso** al suo corpo, a come è vestito, al portamento, all'espressione, eccetera.

Conte-autore qui si guarda dall'esterno e si rende conto
che un abitante della campagna – Conte è di Asti, in
questo caso vista come una sorta di entroterra di
Genova – che arriva a Genova per la prima volta ha
un aspetto che comunica qualcosa.

Il "testo" del corpo del campagnolo ha le due
caratteristiche richieste: ha una **struttura** tecnica (le
braccia e le gambe sono attaccate al resto del corpo,
i vestiti sono sopra) e un **argomento** (essere il
corpo di un estraneo "un po' selvatico" a contatto
con una cultura nuova).

Il poeta non ci dice com'è vestito il campagnolo, ma ci
parla della sua faccia e della sua espressione: «un po'
così» la definisce, e questo permette a ognuno di noi
di immaginarsela un po' come vuole, purché
selvatica ed estraniata.

Nello stesso tempo «un po' così» ci fa capire che questa
persona è a disagio, è colpita, è intimidita, ipotesi
confermata dai versi:

> «e ogni volta ci chiediamo
> se quel posto dove andiamo
> non c'inghiotte, e non torniamo più».

Il contrasto col mondo a cui è abituato è talmente forte
che, una volta messo piede in questo nuovo
contesto, la continuazione della vita gli sembra quasi
impossibile e s'immagina ogni genere di sciagura,
evento che, se non altro, gli risparmierebbe la fatica
di cambiare contesto e ridefinire sé stesso in base
alla nuova realtà che lo circonda.

Fino a questo momento Genova è stata «un'idea come
un'altra», un nome come tanti altri, ma nel momento
in cui la si vede, la si tocca con mano, è allora che ci
si accorge di come rivoluzioni la propria concezione
del mondo, di come faccia tremare le vecchie

certezze.

Ma allora anche Genova è un testo (anche se non è fatta di parole: è fatta di «mare oscuro che si muove anche di notte non sta fermo mai»)?

La prima caratteristica, la **struttura** tecnica, ce l'ha: i "pezzi" di Genova stanno bene insieme tra loro, non ci sono le temute voragini che possano inghiottire il protagonista, tutto è collegato bene, tanto è vero che ha anche un nome, Genova, che la definisce e ne definisce i confini.

La seconda caratteristica, l'**argomento**, pure ce l'ha: è una città di mare che mette in soggezione i campagnoli, è una "città di mondo" il cui mare da una parte è una via di comunicazione con la campagna, e dall'altra con i porti lontani di tutti i continenti possibili.

La semiotica ci abitua a considerare **testi** anche tutte le persone, gli animali, gli oggetti, i luoghi, gli edifici, purché abbiano le due caratteristiche citate: struttura tecnica e argomento.

Per questo ci dà la possibilità di capire il mondo circostante e il senso che ha.

---

concetti semiotici imparati    testo verbale e nonverbale

# 16

# Parola



Quando pensiamo a un testo, lo pensiamo come un oggetto, come una cosa statica, come un'entità fissa.

Un libro, di per sé, senza il nostro intervento, è come un corpo umano che ha perso i sensi, sdraiato inanime da qualche parte, in attesa che qualcuno lo soccorra, lo rianimi.

Finché viene lasciato a sé stesso, chiuso, il libro può rimanere lettera morta fino alla sua distruzione.

L'autrice del testo ha sentito l'esigenza di comunicare alcuni suoi pensieri ad altri umani, e dopoavere tradotto in parole questi suoi pensieri, li ha affidati alle stampe.

L'autrice ha immaginato la reazione della lettrice al suo testo, ha immaginato, scrivendolo, cosa la lettrice capirà, come lo capirà, quale sarà la sua interpretazione.

Questa però è una lettrice immaginaria.

La lettrice vera, quando prenderà in mano il libro per leggerlo, lo interpreterà a modo suo, in un modo poco o tanto diverso da come se l'era immaginato l'autrice.

È come quando conosciamo qualcuno e pensiamo che possa diventare nostro amico, e poi però il nostro rapporto si sviluppa in un modo inaspettato.

Inaspettato perché l'altra persona non ci è mai del tutto conosciuta, e questo ha sempre risvolti – appunto –

imprevedibili che fanno della relazione un processo
    in continua evoluzione.
Analogamente il testo, ogni volta che è letto da ciascuno,
    si trasforma in una storia a sé stante, interagisce con
    ciascuna lettrice in modo diverso, diventando ogni
    volta qualcosa di diverso.
All'inizio ho affermato che la lettrice è una persona che si
    avvicina al libro chiuso per rianimarlo, per ridargli
    vita prima che l'oggetto possa distruggersi.
Ebbene, quando il libro viene rianimato, si forma il testo,
    che è la reazione della lettrice alle parole contenute
    nel libro.
Il testo non è nulla di fisso, ma è un processo che si
    svolge tra la mente dell'autrice e la mente della
    lettrice.
Tra i pensieri dell'autrice e i pensieri della lettrice
    s'instaura una relazione di amicizia – o certe volte
    anche di inimicizia, di odio, di ripulsa – mediata dalle
    parole stampate nel libro.
Jovanotti lo esprime molto bene: rivolgendosi alla parola,
    la invita a essere autosufficiente, a staccarsi dal
    corpo e dalla mente dell'autore per andare lontano,
    far nascere emozioni, provocare reazioni.
Un libro, una canzone o un messaggio WhatsApp da
    questo punto di vista funzionano allo stesso modo:
    restano lettera morta finché qualcuno non li legge o
    ascolta, e allora diventano qualcos'altro.
Nel caso del messaggio WhatsApp, chi lo riceve e lo
    rianima nella propria mente può reagire, rispondere,
    e il processo in corso tra la mente dell'autrice e la
    mente della lettrice può continuare in una sorta di
    palleggio in cui la lettrice diventa autrice e viceversa.
Nel caso del libro o della canzone invece, la
    comunicazione va in una sola direzione, l'autrice
    perde del tutto il controllo sulle interpretazioni che
    vengono date alle sue parole, e il testo vive di una
    vita propria, autonoma.

Anche nel caso del testo, è fuorviante considerarlo un oggetto, ma è molto più utile considerarlo una **relazione**, proprio come se fosse una relazione con qualcuno.

Un testo è un essere vivente, che vive tante vite quante sono le persone che decidono di leggerlo, rianimandolo.

Ogni testo può diventare nostro amico, può rimanerlo per sempre, oppure possiamo litigare e rompere con lui, proprio come facciamo con qualsiasi persona.

Il testo è una cosa viva: sta a noi decidere di stanarlo dal suo contenitore morto, che è il libro chiuso.

---

concetti semiotici imparati       testo come processo tra le menti

---

# 17

# Spaccacuore

«Spara, spara, spara, Amore
tu non pensarci più
che cosa vuoi aspettare?
l'Amore spacca il cuore
spara, spara, spara, dritto qui»
(Samuele Bersani).

Possiamo distinguere due possibili discorsi: il discorso pratico e il discorso poetico.

Il discorso pratico è utilitaristico, serve a uno scopo concreto, di solito a influenzare il comportamento di qualcuno rispetto a qualcosa, per esempio: «Spòstati, che quell'albero sta cadendo».

Il discorso poetico è pervasivo: anziché porsi una finalità pratica, se ne pone una descrittiva; non mira dritto a uno scopo pratico, ma cerca di essere bello, e così facendo, parla di sé.

La direzione del discorso pratico è orizzontale, lungo la linea della scrittura – anche se è orale –, connette una parola dopo l'altra correndo verso il suo scopo.

La direzione del discorso poetico è più esitante, verticale, si concede divagazioni dalla linea della sintassi per permettersi di esplorare possibilità combinatorie insolite o inaudite, che a volte rivelano concatenazioni mentali proprie dell'autrice.

Possiamo vedere alcuni aspetti del discorso poetico in azione in questa canzone di Samuele Bersani.

Mentre nel discorso pratico si potrebbe dire «Spengo la TV e l'apparecchio smette di mostrare immagini e far sentire suoni», il testo, dopo la parola «TV», divaga verticalmente esplorando altre possibilità combinatorie.

La farfalla-logo della Rai – presente nell'angolo dello schermo quando è acceso – diventa una farfalla vera che cade, dando l'idea di una vita in pericolo, un animale in difficoltà o forse morto.

Questa comunicazione è poetica, mentre quella pratica corrispondente potrebbe esplicarsi in una frase come «Da quando non ci sei tu, sto male».

A riprova dell'associazione poetica Io-farfalla, segue «Io per un niente vado giù», metafora di un crollo di umore.

L'umore-farfalla crolla se io spengo la TV/ti mando via.

Si noti che anche il concetto di «giù» inteso come «triste» è una metafora, che presuppone che in alto si stia bene e in basso male, ma questo non è un dato di fatto, è solo un modo particolare di vedere le cose.

Così come la definizione di «avanti» e «indietro» per la linea temporale: in alcune culture il futuro è dietro le spalle, perché ignoto e non si vede, mentre il passato è davanti a noi perché lo possiamo vedere.

Il protagonista della canzone si immedesima nella persona allontanata e le si rivolge esortandola a «non pensarmi più» – discorso pratico.

Subito il discorso ridiventa poetico: lui vuole che lei metaforicamente gli spari al cuore, ossia uccida il sentimento che si suppone questo muscolo contenga.

Anche l'identificazione cuore-sentimento è una metafora, forse la più classica delle metafore.

Se mi spari al cuore, smetterò di soffrire perché, così facendo, ucciderai il mio sentimento per te.

Lui non riesce a sciogliersi (altra metafora: svincolarsi dal pensiero di lei) ed è geloso pensando che lei vada a letto con un altro («dormirai con chi sa chi»).

Il discorso pratico sarebbe potuto essere: «Mi sono pentito di averti lasciata, ora soffro e non vorrei che tu fossi lontana con un altro; mi chiudo in casa perché sono triste e mi consolo o distraggo guardando la TV».

Dal punto di vista pratico, sarebbe stato più semplice dirlo così, più rapido ed efficace.

Naturalmente parlo di un'efficacia puramente teorica, perché, all'atto pratico, una donna – nei panni di lei – gli direbbe: svegliarsi prima, nini? ahora chau Paris!!

Dal punto di vista affettivo, detto in modo poetico, il discorso richiama l'attenzione di altre persone, estranee alla vicenda specifica, ma coinvolte in situazioni simili, che riescono così a identificarsi e a godere di questa identificazione.

Le ascoltatrici della canzone in sintonia con lo stato d'animo del poeta possono trovarsi già bell'e pronta un'analisi di quanto è successo, una **sceneggiatura** in cui identificarsi, e lo trovano piacevole e utile.

Ma non era il discorso pratico quello più utile?

Anche la poesia è utile, ma ha un'utilità diversa, che non è concreta ma affettiva e serve a fare chiarezza con sé stessi, a sentirsi meglio.

Il vantaggio derivante dalla comunicazione poetica non ha rilevanza pratica (mi sposto per non farmi cadere l'albero addosso), ma affettiva (capisco i miei sentimenti e li condivido con altri).

Dal punto di vista semiotico, la metafora non è un ornamento, ma una modalità comunicativa alternativa, più sfuggente e ipotetica e casuale, ma talvolta più efficace se si condivide lo stesso contesto, rispondente alle proprie sensazioni, anche quelle più nascoste.

In questo la semiotica è molto vicina alla psicologia.

---

concetti semiotici imparati

discorso orizzontale pratico e verticale poetico

---

# 18

# Common Sense

«Perché non riesco ad avere un po' di **senso comune**?
Perché non capisco che potrei finire morto?»[1]

(Viagra Boys).

Ognuno di noi fa parte di diversi gruppi.

Una cittadina italiana fa parte del gruppo degli italiani.

Una tifosa fa parte del gruppo dei tifosi, ma anche dei tifosi specifici di una certa squadra.

Stessa cosa per i fan di un'attrice o cantante.

Generalmente uno fa parte di una famiglia.

Alcuni di noi sono seguaci di religioni.

Un gruppo può essere quello delle pazienti di un certo medico, o delle clienti di un certo negozio.

Può essere gruppo quello delle condomine di un certo palazzo.

Fare parte di un gruppo significa condividere il senso comune di quel gruppo, dare per scontate le stesse cose.

Se vado al supermercato, il senso comune mi suggerisce di non prendere il carrello di un'altra.

Il senso comune non è universale, ma condiviso soltanto all'interno di un determinato gruppo.

Due gruppi possono avere attriti dovuti alla differenza dei rispettivi sensi comuni.

Due nazioni possono scendere in guerra a causa della differenza dei rispettivi sensi comuni.

Per comunicare bene, occorre tenere presente la differenza tra i sensi comuni dei vari gruppi, detta anche «differenza culturale».

Una cultura è un gruppo all'interno del quale si danno per

---

[1] «Why can't I have a little common sense? / Why don't I realize that I might end up dead?»

scontate le stesse cose.

Come ho già detto, non sono scontate in tutto il mondo, però.

Nella cultura italiana si dà per scontato che cos'è un soffritto.

Se la mia vicina di casa italiana mi chiede una ricetta, posso dirle «prima fai un soffritto», senza spiegarle altro: lei capirà che deve prendere della cipolla sminuzzata e farla friggere a fuoco basso nell'olio.

Se invece intendo un soffritto col burro, o un soffritto con carota o aglio o sedano – varianti particolari della ricetta-base – devo specificarlo, perché non è più scontato.

Se la mia vicina di casa è americana, non basta dire «prima fai un soffritto», ma occorre spiegare da zero *che cos'è* un soffritto, dato che nella cucina americana non esiste.

Quindi le culture – i gruppi – si distinguono per ciò che le persone *non dicono* quando parlano, ossia per ciò che danno per scontato.

Appartenere a una cultura ci permette di risparmiare moltissimo sulla comunicazione.

Pensateci: dando per scontato tutto ciò che è senso comune, possiamo dire solo quello che caratterizza il caso particolare, la novità, lo scostamento, la versione soggettiva.

Quando si comunica da una cultura a un'altra, bisogna tenere conto che, magari, non si danno per scontate le stesse cose.

Saper comunicare significa quindi avere presente un destinatario *altro*, tenendo conto delle differenze culturali.

---

concetti semiotici imparati    sistema; cultura; non-detto

---

# 19

# Conversazione

«È inutile parlare ancora di tutte queste cose
ormai la nostra situazione non ha una via d'uscita
cerca un altro argomento di conversazione
è inutile tentare ancora non c'è la soluzione
ma quante volte hai già tentato e dopo hai rinunciato
cerca un altro argomento di conversazione»
(Mina).

La caratteristica più complessa dal punto di vista logico della comunicazione è che se ne distinguono due tipi molto diversi: la comunicazione per comunicare qualcosa (quella normale) e la comunicazione per *parlare di* comunicazione.

La frase «Quando c'è nebbia, tutto sembra bianco» è una frase comunicativa normale: serve a dire qualcosa.

La frase «Non so nemmeno io perché l'ho detto» serve a parlare di un messaggio precedente, quindi è un **messaggio su un messaggio**.

Questo secondo tipo di comunicazione si chiama *metacomunicazione*.

Nella canzone, Mina dice al suo partner che è inutile parlare della loro storia: Mina sta metacomunicando.

Mina potrebbe dirgli qualcosa come «Sei un cretino», «Non ti sopporto», e sarebbe un **discorso**, e invece gli dice quello che lui non deve dire: gli fa un **metadiscorso**.

Anche nella nostra vita non parlata può essere distinta una parte nella quale facciamo delle cose e una parte in cui riflettiamo sulle cose che facciamo.

Quando mangiamo, leggiamo, nuotiamo, tagliamo l'erba, si tratta della vita, e quando, per esempio, ci domandiamo se ha senso quello che facciamo, se dobbiamo cambiare la nostra condotta, questa è **metavita**.

Ognuno di noi dedica percentuali diverse alla vita e alla metavita.

Una filosofa che va a stare in cima a una montagna è dedita quasi del tutto alla metavita.

Una persona poco riflessiva che lavora molto in modo ripetitivo e nel tempo libero si abbandona solo a intrattenimenti organizzati comuni è dedita quasi del tutto alla vita.

Quando facciamo la pasta mescolando la farina e le uova, otteniamo un impasto che poi spianiamo sul tagliere.

Per non farlo appiccicare, mettiamo un altro po' di farina sul tagliere.

Quindi abbiamo usato la farina in due modi diversi: quella dell'impasto è farina "normale", produttiva, costruttiva.

La farina messa sul tagliere per evitare l'appiccicamento è invece "metafarina", non è produttiva, serve solo a fare sì che la farina primaria svolga correttamente la sua funzione.

La farina sparsa sul tagliere è "farina di secondo grado", farina che fa finta di non essere farina (ingrediente, nutrimento) e si propone come un prodotto anti-appiccicamento.

Anche le parole che usiamo per parlare di parole (metalinguaggio) fanno finta di non essere parole (strumenti di comunicazione) e si propongono come un prodotto anti-appiccicamento del linguaggio.

Questa metadimensione della vita (la vita che non si vive ma riflette sulla vita) è proprio la caratteristica che ci differenzia dagli altri animali.

---

concetti semiotici imparati    metacomunicazione e
metalinguaggio

---

# 20

# Il sole a mezzanotte

«Ti ricordi restavamo svegli?
come il sole a mezzanotte io e te
e ci **scambiavamo i nostri segni**,
la saliva e le anime»
(Federica Carta).

Abbiamo appena visto che le parole sono creature viventi che si evolvono e mutano nell'interazione con le persone e tra le persone.

Possiamo paragonare le parole a virus o batteri che circolano tra le persone, si scambiano tra le persone, e cambiano nell'interazione con le persone.

In questa canzone di Federica Carta, il rapporto tra due persone che si amano consiste nello scambio di anima, saliva, segni: ecco, questi segni sono per esempio le parole.

Anche quando ci si bacia e c'è un passaggio di saliva, ci si scambiano segni, come dice la canzone di Burt Bacharach:

«Che ci guadagni a baciare un ragazzo?
Ti prendi abbastanza germi per una polmonite[2]».

Sia con i germi, sia con i segni, quello che è interessante è che tanto gli uni quanto gli altri si modificano man mano che circolano.

I nostri scambi di messaggi quotidiani danno vita a un

---

[2] «What do you get when you kiss a guy? / You get enough germs to catch pneumonia».

immenso rimescolamento del senso dei messaggi stessi e delle parole che li contengono.

I virus, in interazione con l'organismo che li ospita, possono dare luogo a malattie, oppure a immunizzazioni contro le malattie.

In ogni caso non passano senza lasciare traccia.

I segni verbali – le parole – sono recepiti dagli organismi – al di là del loro significato più ovvio – in termini di stile espressivo della persona che li ha emessi.

Anche i segni non verbali – per esempio l'abbigliamento – sono recepiti come stile espressivo di chi li porta.

Se vedo per strada una persona con scarpe pantaloni camicia, il primo dato che ricavo è che questa persona non è nuda e, a seconda della stagione, sta reagendo alle esigenze climatiche e a quelle della buona educazione nella nostra società che ci vietano di circolare svestiti.

Questo è il livello in cui – facendo un parallelo con le parole – ci occupiamo del significato base presente nel dizionario.

A un altro livello, il Pittore che è in me – volendo – visiona quali scarpe quali pantaloni quale camicia indossa la persona: di che forma, di che marca, di che colore, a che livello di consunzione siano, se sporchi/puliti, stirati/gualciti e innumerevoli altre informazioni.

Questo è il livello in cui – facendo un parallelo con le parole – ci occupiamo del senso generato dal contesto.

La nostra società ci porta a fare distinzioni che non sempre funzionano, come quella tra animati e inanimati o quella tra astratto e concreto.

La mia maestra mi diceva che il mio gatto è un essere animato, ma una parola è inanimata.

La mia maestra mi diceva che il calorifero è un oggetto concreto, ma una parola è astratta (non si può toccare).

La semiotica ci insegna però che la parola è concreta e
animata.

La parola è concreta rispetto al concetto che esprime:
l'idea ci vaga nella mente, e poi una sua parte viene
fissata nella parola, concretamente formata da un
certo numero di lettere.

La parola è animata rispetto a un mattone: il mattone lo
puoi spostare, ma resta sempre un mattone; la
parola, se la sposti, diventa altro, assume sensi nuovi.

concetti semiotici imparati    intertestualità

# 21

# Ognuno ha la sua matita

«[...] Se è vero che ci tieni a me
deponi le armi un momento
e guarda che
mi attendo da te
soltanto un po' di **buonsenso»**
(Laura Pausini).

Come la protagonista di questa canzone, a tutti noi succede di invocare il buonsenso quando non riusciamo ad andare d'accordo con qualcuno.

Di solito non andiamo mai perfettamente d'accordo con nessuno, e l'errore è quello di pensare che ciò sia strano, e che la norma sia quella di un'armonia perfetta.

Ognuno di noi percepisce la realtà a modo proprio.

Nessuno ha una visione *oggettiva* delle cose, semplicemente perché tale visione non esiste.

La nostra mente impara continuamente dall'esperienza, e ciò che abbiamo imparato costruisce dentro di noi – a nostra insaputa – speciali filtri attraverso cui vediamo il mondo.

Ognuno di noi ha fatto esperienze poco o tanto diverse dagli altri, e quindi ha "filtri" diversi sulla realtà.

Per questo motivo, ognuno vede le cose un po' a modo suo ma, siccome non ne teniamo conto, pretenderemmo che il nostro prossimo le vedesse come le vediamo noi.

Questo è un errore di comunicazione.

Quando ci accorgiamo che l'altro non vede le cose come noi, invochiamo il Buonsenso.

L'idea è che il Buonsenso sia una specie di essere

sovrannaturale, una Creatura di ordine superiore che
ha una visione perfetta su tutto ciò che esiste al
mondo, concreto e astratto.

Il Buonsenso è un Mito che ci impedisce di perderci
d'animo di fronte all'evidenza che ognuno di noi è
solitario nella propria visione del mondo, che non
c'è nessuno che ne abbia una identica.

Ma, come dice la canzone di questo capitolo, «ognuno ha
la sua matita»: ognuno si disegna il mondo a suo
piacimento, e ognuno si porta dentro il proprio
disegno.

L'importante è sapere che il proprio disegno è diverso da
quello del prossimo, non pretendere che sia uguale, e
non scoraggiarsi né sentirsi in colpa quando se ne
constata la differenza.

Pretendere che la nostra interlocutrice la pensi come noi
richiamandola al buonsenso è, di nuovo, un errore di
comunicazione.

Non fidatevi troppo dei vocabolari, che hanno la pretesa
di insegnarci il "significato" delle parole.

Il buonsenso – come il senso – è diverso per ognuno di
noi.

E va bene così, la semiotica vi dà la sua parola.

---

| concetti semiotici imparati | percezione soggettiva della cultura; senso-significato |

# 22

# La banda

«Volevo dire di no quando la banda passò
ma il mio ragazzo era lì
e allora dissi di sì»
(Mina).

Tutti gli esseri viventi hanno un senso della propria identità, e gli umani hanno anche coscienza di sapere chi sono.

«Lei non sa chi sono io» esclama arrogante la persona che si sente maltrattata, che vuole far valere la propria presunta identità speciale, di cui è consapevole.

Ma la nostra identità non è un dato stabile.

La nostra identità si evolve nel tempo e dipende dal contesto in cui ci troviamo.

Un ragazzino di tredici anni alto e robusto per la sua età è il più forte della classe: nessuno osa contraddirlo e, a scuola, si sente la persona più importante.

Quando però nel pomeriggio va in palestra, è di gran lunga il più giovane, e tutti i suoi compagni di ginnastica sono più grandi e più forti di lui e lo deridono per la sua debolezza.

Questo esempio dà l'idea di come il senso d'identità possa variare a seconda del contesto.

Estremizzando, possiamo dire che ognuno di noi ha un diverso senso d'identità per ogni contesto o gruppo o compagnia che frequenta.

Il nostro senso di identità complessivo, dunque, è più che altro una costellazione formata dalle varie diverse identità che sappiamo di avere negli ambienti diversi che frequentiamo.

Nella famosissima canzone di Mina citata sopra, la protagonista, quando passa la banda (contesto 1),

vuole dire di no, ma poi si accorge che il suo ragazzo
è lì (contesto 2) e allora dice di sì.

Il suo senso del dire no o del dire sì – non importa a cosa
si riferisca – varia a seconda del contesto.

La versione maschilista di questo fenomeno è espressa
dalla celebre aria dal *Rigoletto* di Verdi «La donna è
mobile qual piuma al vento / muta d'accento e di
pensiero».

Ma in realtà maschi e femmine sono soggetti all'influenza
del contesto nello stesso modo, naturalmente.

Il cambio di contesto non deve per forza avvenire al di
fuori di noi: anche i pensieri, i ricordi ci trasportano
con la mente in contesti diversi, e le nostre
riflessioni e meditazioni contribuiscono, come in
questa canzone resa famosa da Mina:

«Ricorderai
i tuoi giorni felici
ricorderai
tutti quanti i miei baci
e capirai
in un solo momento
cosa vuol dire
un anno d'amore».

---

concetti semiotici imparati      il senso di sé tra identità e
intertestualità

# 23

# Confusione



Abbiamo appena visto come gli spostamenti nello spazio, i contatti tra le persone alterino il nostro modo di percepire la realtà.

Noi non siamo entità statiche fisse, ma oltre al nostro corpo anche la nostra mente cambia – potremmo dire «invecchia» – e percepisce le stesse cose in modo diverso.

Ognuno di noi è un **sistema** autonomo che comunica con l'esterno, e i messaggi che ci arrivano dall'esterno ci modificano, aumentano il livello di confusione all'interno di noi.

Anche quella che chiamiamo «realtà» è un sistema, e quando noi mandiamo messaggi all'esterno – diciamo qualcosa a qualcuno, facciamo un gesto percepibile da altri, ci vestiamo in un certo modo, eccetera – il sistema-realtà esterna si modifica.

Esistono quindi sistemi individuali e sistemi collettivi.

Se arriva un nuovo Presidente del Consiglio, il sistema-paese si modifica, reagendo alla personalità del nuovo leader.

Analogamente, il nuovo Presidente del Consiglio, una volta divenuto tale, cambia e vede il mondo da una prospettiva nuova, e quando si concluderà il suo mandato non tornerà quello di prima, ma sarà una persona ancora diversa.

I sistemi si influenzano reciprocamente alterando i rispettivi livelli di confusione.

Se, per esempio, come allenatrice di una squadra di calcio viene messa una coach di rugby, il primo giorno questo contatto tra il sistema-allenatrice e il sistema-squadra genererà un aumento della confusione.

Col tempo, la squadra cambierà assomigliando a come la vuole la nuova allenatrice, e l'allenatrice cambierà diventando più simile a come serve per la squadra: il livello di confusione all'interno della squadra e della coach diminuirà gradualmente.

Considerando invece la squadra allenata dalla rugbista in rapporto alle altre squadre di calcio, il livello di confusione di questa relazione crescerà, differenziando sempre più la squadra di calcio-rugby dalle altre squadre tradizionali – e magari si scoprirà che questa influenza dei metodi provenienti dal rugby è benefica.

In semiotica, questo livello di caos all'interno di un sistema o nella relazione tra sistemi si chiama «entropia», termine rubato alla fisica.

Più una cultura è isolata dalle altre, più si mantiene basso il livello di entropia.

Più una cultura è in contatto con le altre, e più queste sono diverse, più l'entropia (disordine) sale.

Nella canzone di Battisti, lui dice a lei che vuole imbalsamare le emozioni per mantenere uno stato di entropia bassa, e la esorta invece a provare queste emozioni fino in fondo, a permettere al proprio sistema individuale di lasciarsi mettere in disordine (confusione) dai messaggi provenienti dall'esterno.

Supponiamo che due persone si mettano insieme formando una coppia.

Più sono diverse tra loro, più il sistema-coppia avrà un livello alto di entropia.

Più ciascuna delle due resiste al cambiamento, e si attiene

alla propria condotta e ai propri princìpi, più questo livello di entropia si manterrà.

Attenzione: non bisogna confondere il livello di caos, il differenziale tra due persone, e il loro livello di litigiosità.

Il fatto che due persone siano diverse non significa necessariamente che debbano litigare o che non vadano d'accordo; significa solo che la carica energetica del sistema è molto alta.

Nella cultura italiana il cibo è molto importante e ci sono tradizioni locali che dettano con precisione come si prepara questo o quel piatto, che danno luogo alle classiche discussioni da bar, del tipo: «La vera pasta alla Norma la sa fare solo mia mamma».

Questo appena descritto era un sistema con basso tasso di entropia, resistente al cambiamento, omogeneo.

Arriva d'un tratto un messaggio da una cultura lontana e diversa: il cibo giapponese, il pesce crudo, il sushi, eccetera.

Il differenziale inizialmente tra il sistema-Italia e il sistema-Giappone è altissimo, con entropia enorme.

A poco a poco, il sistema-Italia impara ad apprezzare il sushi, e il sistema-Giappone impara ad apprezzare gli spaghetti al dente e la pizza: il livello di entropia nella relazione Italia-Giappone cala.

Contemporaneamente, sale l'entropia interna ai due sistemi: in Italia avremo parte del paese che mangia cibi tradizionali, e parte che mangia quelli nuovi come il sushi.

Diminuendo l'entropia del sistema Italia-Giappone, è aumentata l'entropia del sistema-Italia.

I contatti tra sistemi generano confusione – come dice la canzone – e producono un enorme potenziale energetico.

---

concetti semiotici imparati                    sistema; entropia

---

# 24
# Niente da capire

«Io non ti invidio niente
non ho niente di speciale
ma se i tuoi occhi fossero ciliegie
io non ci troverei niente da dire
e non c'è niente da capire»
(Francesco De Gregori).

Dicevamo nel capitolo 16 che il testo giace inattivo nel suo medium finché qualcuno non va a stanarlo e a interagire leggendolo, ascoltandolo, guardandolo, a seconda che sia un testo scritto, parlato/cantato o visivo.

Il rapporto tra un testo e la persona che lo *attualizza* (questo il termine tecnico usato in semiotica) provoca una serie di ragionamenti più o meno involontari.

Inevitabilmente quando lo leggiamo ci domandiamo perché l'autrice ha scritto quello che ha scritto, come continuerà, cosa voleva esprimere, perché l'ha fatto in quel modo, come andrà a finire, e così via.

Come la lettrice avrà già intuìto, questi ragionamenti sono perlopiù abduzioni, congetture: sulla base di quanto già letto, si fanno dei "lanci" abduttivi in cui si ipotizzano le risposte alle domande che viene da porsi.

Come tutte le abduzioni, le nostre ipotesi non sono certe, ma sono creative: e questo è molto interessante perché normalmente si pensa insistentemente alla creatività dell'autrice, meno alla creatività delle lettrici.

In un certo senso, l'autrice dissemina il testo di indizi, e la lettrice li raccoglie e li collega tra loro formulando dentro di sé ipotesi interpretative.

Nel caso di un romanzo poliziesco o giallo, questo fenomeno è evidentissimo.

È un gioco tra autrice e lettrice, e la conclusione deve essere plausibile, ossia deve rispondere alle aspettative che la lettrice si è formata raccogliendo gli indizi.

Gli indizi disseminati devono essere calibrati sulla perspicacia e sull'erudizione della lettrice, perché se sono troppo evidenti e ovvi, la lettrice perde interesse nel gioco, allo stesso modo se sono troppo complessi e inarrivabili.

Un tempo – parlo della mia generazione – la Scuola ci insegnava a interpretare i testi tutti nello stesso modo, con le note e l'apparato critico dei libri scolastici.

Forse è per questo motivo che, quando un'opera veniva studiata a Scuola, spesso si finiva per detestarla, e le opere che amavamo di più erano quelle che avevamo letto per conto nostro e di cui nessuno ci aveva dettato le regole interpretative.

È questo il senso della canzone di Francesco De Gregori: quel «non c'è niente da capire» non va preso troppo sul serio, ma più come un'esortazione a capire ognuno quello che può, che vuole, che è propenso a comprendere.

«Se i tuoi occhi fossero ciliegie» – se venissero sovvertite le convenzioni della società e quelle estetiche – io non ci troverei niente da dire.

Quindi in realtà c'è molto da capire, e molto di più di quello che in genere ci insegnano a scuola, e siamo noi stessi a decidere cosa, come e perché.

---

concetti semiotici imparati     congettura;
                                 attualizzazione

---

# 25

# Anna e Marco

«Con tre salti sono fuori dal locale
con un'aria da commedia americana
sta finendo anche questa settimana
ma l'America è lontana»
(Lucio Dalla).

Nella nostra società, una delle caratteristiche più nascoste, ma non per questo meno importanti, è la cosiddetta *sceneggiatura*.

In ciascuna delle nostre azioni, senza rendercene conto, seguiamo una procedura standard nella quale siamo influenzati da vari fattori.

Storicamente, una fonte molto importante di influenza sono gli attori e le attrici.

Quando diciamo che ci piace come un'attrice recita, spesso stiamo inconsapevolmente dicendo che ci piacerebbe dire le cose che dice lei, nello stesso modo in cui le dice lei, fare i suoi stessi gesti, le sue stesse facce.

Esiste quindi una sceneggiatura per entrare in un bar – guardarsi o non guardarsi intorno, incedere lenti, veloci, con sicurezza, con grazia eccetera – una per grattarsi la testa, una per salire sulle scale mobili e via dicendo.

La sceneggiatura per fumare una sigaretta è forse una delle più evidenti: trattandosi di un'azione inutile, ha una fortissima valenza di gesto pubblico, in buona parte serve a mostrare agli altri (e a sé stessi) che si sta fumando.

Qui gli attori sono molto importanti.

Tutti ricordiamo l'immagine di Alain Delon o Jean-Paul Belmondo con la sigaretta: il modo in cui la tengono, come la mettono in bocca, come aspirano, come sbuffano, come la accendono o la spengono e i giochi che fanno col fumo: sono tutti elementi della sceneggiatura.

Anzi, viene il sospetto che la diffusione del fumo sia legata proprio alle molteplici possibilità interpretative-attoriali che l'azione offre.

Un ragazzino che s'incammina a casa da solo a sera tardi magari si fuma una sigaretta per sentirsi meno solo.

Indubbiamente la sua solitudine è la stessa, ma le sceneggiature collegate alla sigaretta gli tengono compagnia.

Quando si vede un gruppo di ragazzi e ragazze nel quale una di loro fuma, si intuisce dalle sue movenze e dai suoi gesti che sta recitando, a sua insaputa, inscenando gesti e movenze visti da qualcuno, magari un genitore o una zia.

La sigaretta diventa solo un oggetto di scena, potrebbe da un certo punto di vista essere spenta o essere una matita o un cioccolatino lungo e stretto, un pretesto qualsiasi per recitare quella determinata parte.

Anche la festa è una sceneggiatura.

Alcuni punti fissi sono l'invito di alcuni o il non invito di altri, la partecipazione o il rifiuto, fissare un orario, mettere su la musica, offrire da bere (specie alcolici e bibite gassate) e da mangiare (specie junk food), fare tardi, divertirsi, sorridere, non pensare alle cose brutte, appartarsi con qualcuno, non dire a nessuno se ti cade per terra un'oliva o del ripieno o un po' di panna, non macchiarsi il vestito e così via.

L'aspetto più importante delle sceneggiature è che non sono scritte, che non c'è nessun modo per ricostruirle se non a intuito, e per questo nemmeno si è troppo consapevoli che esistano.

Però, basta trasgredire, che ci si accorge subito che ci

sono eccome.

Se vado a una festa e porto – anziché un dolce o una bottiglia o una scatola-regalo – un litro di latte, o delle lenticchie, o delle carote in padella, sicuramente mi guarderanno male e soprattutto penseranno male di me.

Queste sceneggiature non scritte non sono universali, ma specifiche di una certa società.

In gergo tecnico si dice che sono «culturospecifiche».

Se un amico invitato a una festa mi porta una busta con dentro dei soldi invece di una bottiglia di Brunello di Montalcino, io sono in imbarazzo, ma se questo accade negli Stati Uniti d'America, allora può essere accettato: io stesso una volta ho ricevuto una busta con del denaro da un'invitata statunitense (e ho fatto finta di non essere imbarazzato per non metterla a disagio).

Da questi esempi si capisce che la semiotica si occupa anche di relazioni interpersonali che non hanno a che fare con le parole: cerca il senso di certi gesti, di certi comportamenti nel contesto in cui avvengono.

---

concetti semiotici imparati    culturospecificità della sceneggiatura

---

# 26

# Spalle al muro

«Vecchio
diranno che sei vecchio
con tutta quella forza che c'è in te
**vecchio**
quando non è finita, hai ancora tanta vita
e l'anima la grida e tu lo sai che c'è»
(Renato Zero).

Nella nostra società alcuni dei valori positivi sbandierati dalla nostra morale in realtà poi non coincidono con gli obiettivi che effettivamente perseguiamo.

Potremmo dire che in noi coabitano due morali: quella ufficiale e quella vera.

Per esempio, predichiamo l'amore per i vecchi ma, nei fatti, cerchiamo di non essere vecchi, di non sembrare vecchi, e così compriamo prodotti antietà e simili.

Un altro esempio?

Quando non ci sentiamo in una situazione di controllo della coscienza (propria o altrui), usiamo la parola «vecchio» come un insulto: «Sei vecchio!».

«Vecchio» può essere quindi un peggiorativo.

Trascurando per il momento l'uso della parola «porco», la lettrice converrà che «vecchio porco» è un insulto peggiore.

La reazione davanti a questo fenomeno può essere duplice.

Se si pensa che la vecchiaia *non* sia una cosa brutta, si può smettere di usare «vecchio» come insulto.

Se si pensa che la vecchiaia sia una cosa brutta davvero, la strategia è quella che normalmente viene chiamata *political correctness*, che consiste nell'evitare di usare una parola che significa una cosa brutta.

È allora che quando un bambino dice alla mamma «Guarda quel vecchio!», la mamma lo corregge: «Non si dice vecchio, si dice anziano!».

La sostituzione della parola "scorretta" con quella "corretta" è la patente dimostrazione che si considera peggiorativa la parola sostituita, altrimenti la si userebbe senza timore di offendere.

Dare dell'anziano a un vecchio equivale a sottoscrivere la visione del mondo in base alla quale essere vecchi è una iattura.

La parola «handicappato» è stata usata come insulto, e così, invece di sanzionare l'insulto, lo si è accettato come tale e si è passati a usare «disabile» o «diversamente abile».

Un bambino ha dato a una compagna di classe dell'«ebrea»: la maestra, anziché spiegargli che quella parola non è un insulto, si è raccomandata di non dirlo più, confermando che «ebreo» è un insulto eccome, secondo alcuni.

Perciò qualcuno pensa che sia meglio non usare questa "parolaccia", e che sia preferibile dire «di origine israelitica».

È una forma di negazionismo, un meccanismo di difesa in cui si pretende che un dato di realtà non esista.

Tutto questo succede per scarsa conoscenza della semiotica.

La semiotica spiega che cosa succede quando la parola «vecchio» colpisce la mente di qualcuno e rimanda a un senso.

Questi tre elementi fondamentali – la parola «vecchio», la mente e il senso – prendono il nome di «segno», «interpretante» e «oggetto».

La presenza della mente che traduce e deforma – l'interpretante – spiega perché le medesime parole vengono ricevute in modo diverso da persone diverse.

Se invece si considerano solo due di questi tre poli, come
nelle teorie tradizionali, tutto quanto raccontato
finora risulta inspiegabile.
Come cerco di chiarire nel prossimo capitolo,
l'interpretante è il portatore dell'ideologia inconscia.

---

concetti semiotici imparati     political correctness e
                                      negazionismo

---

# 27

# Mon émouvant amour

«Tu vivi in un silenzio eterno e muto
dove traduco i tuoi sguardi e leggo nei tuoi sorrisi,
**interpretando le parole** che le tue mani vogliono dire
nella tua lingua strana che sembra un balletto»[3]
(Charles Aznavour).

Parlando di ideologia, normalmente si pensa a quelle collettive, proclamate, sulle quali si discute in modo plateale, esteriore, a volte accalorato.

Per esempio, una persona può definirsi liberale o democratica, e quella è la sua ideologia proclamata.

Ma molto più importanti per capire il modo sotterraneo in cui interpretiamo i messaggi e le parole sono le ideologie personali, soggettive, spesso non dichiarate.

Certe volte l'ideologia proclamata e quella vissuta soggettivamente sono una all'opposto dell'altra.

Molti italiani sono cristiani, e questa è la loro ideologia esterna.

Quando però a una persona non riesce bene qualcosa nella vita – non ha successo – molti sono pronti a insultarla dandole della «perdente», o in inglese *loser*.

Strano perché il cristianesimo si basa sulla storia di un uomo che ha perso, è stato crocifisso, e viene venerato proprio perché alla violenza usata contro di lui non ha opposto più violenza, ma si è rimesso alla volontà dei suoi aguzzini.

Ma allora i perdenti sono i "buoni" o i "cattivi"?

Nell'ideologia esterna – quella cristiana, nell'esempio – sono i "buoni", ma in quella vissuta, quella non

---

[3] «Tu vis dans un silence éternel et muet, / où je traduis tes regards et lis dans tes sourires, / interprétant les mots que tes mains veulent dire / dans ton langage étrange qui semble être un ballet».

ragionata, quella spontanea, quella messa in atto dagli interpretanti, a quanto pare sono i "cattivi".
Vivere senza tenere conto dell'interpretante significa vivere senza accorgersi che ognuno di noi si muove contemporaneamente in due direzioni diverse, a volte opposte, come dice Fedez:

«Se si andasse tutti in direzioni opposte forse
non ci sarebbe più la fila
ma il corpo si lascia andare
se la corrente lo trascina».

Non conoscere la semiotica di base – non sapere che esiste l'interpretante – spesso significa vivere in modo inconsapevole o, come dice Fedez sempre in questa canzone, vivere una vita non propria:

«Questa vita non è tua
però vive al posto tuo
e ti toglierà le ali
e ti farà cadere».

concetti semiotici imparati     il gusto come ideologia
individuale

# 28

# Vecchia scuola

«Io sono Jovanotti il capo della banda
e rappo ancora lento caldo anni 80
classico analogico scratch e beat box
rap origine controllata D.O.C.»
(J-Ax).

Tutti sappiamo almeno per sentito dire che cosa significano gli aggettivi «digitale» e «analogico».

La radio, per esempio, è perlopiù ancora trasmessa in modalità analogica, e per ricevere le emissioni in digitale bisogna cambiare apparecchio e comprare una radio DAB.

Le fotografie impresse sulla pellicola erano analogiche: dall'obiettivo passava l'immagine, che "impressionava" la pellicola e, dopo una procedura chimica e ottica, si otteneva la foto stampata.

Le linee della fotografia analogica erano le linee stesse dell'immagine che, a seconda della luce e del colore, avevano impressionato diversamente la pellicola.

C'era dunque **analogia** tra il riquadro fotografato di realtà e i segni tracciati sulla carta.

Le foto che facciamo oggi con gli smartphone sono invece digitali.

L'obiettivo è capace di distinguere un certo numero di puntini diversi (pixel), in cui viene suddivisa l'immagine.

Un obiettivo da cinque megapixel, per esempio, suddivide l'immagine in cinque milioni di puntini.

Di ogni puntino l'obiettivo recepisce alcuni dati – colore, luminosità, e così via – e li registra sotto forma di codice alfanumerico.

Ogni sfumatura di colore ha un suo codice, ogni quantità

di luce ha un suo codice, perciò il file contenente la nostra foto contiene un numero elevatissimo di codici proporzionale alla precisione della foto.

Per questo motivo, i file contenenti le immagini occupano tanta memoria del telefono.

Nella foto analogica, erano la luce e il colore stessi ad impressionare la pellicola.

Nella fotografia digitale invece, si deve passare per una traduzione: i dati fisici di colore e luminosità si devono tradurre in numeri per digitalizzarli.

Infatti in francese «digitale» si dice *«numérique»*, e forse sarebbe più comprensibile usare l'aggettivo «numerico» anche in italiano.

Stessa cosa succede coi dischi nel passaggio dal vinile al CD e all'mp3.

Nei vinili (e prima nei dischi in gommalacca), il microfono trasmetteva le vibrazioni direttamente al disco-matrice, e poi dal disco-matrice si producevano tutti i singoli vinili da vendere.

Coi CD invece la musica viene "numerizzata", e per ogni frammento di registrazione si ha un codice che rappresenta quel suono, timbro, tono, e così via.

I CD, quindi, hanno una qualità costante, ma descrivono il suono in modo meno preciso, perché nella realtà il suono è **continuo** mentre e il disco digitale è **discreto**.

Se una violinista fa scivolare un dito su una corda descrivendo un suono progressivamente più alto in modo continuo, dal vinile lo sentiamo simile, mentre dal CD sentiamo la continuità spezzettata in tanti "gradini", che sono i passaggi da un punto di campionamento a quello successivo.

Se l'intervallo di campionamento è molto basso, l'orecchio umano non è in grado di percepire questi "gradini".

Analogamente, se il numero di pixel di una foto digitale è superiore a quanto percepibile dall'occhio umano, non notiamo alcuna differenza.

Si potrebbe parlare ora degli orologi digitali (con cifre) e analogici (con lancette), ma ciò che interessa di più in questa sede riguarda il linguaggio della mente e quello delle parole.

Il linguaggio della mente è analogico, mentre il linguaggio della comunicazione tra persone – le parole – è digitale.

Nella mente i pensieri e le idee fluiscono liberi, vanno, vengono, come nella splendida canzone di Mauro Pagani e Fabrizio de André:

> «Vanno, vengono
> qualche volta si fermano».

Quando sentiamo il bisogno di esprimere in parole i nostri pensieri, le nostre idee, facciamo anche noi una specie di "campionamento" dei pensieri, decidiamo con quanta precisione vogliamo cercare di esprimerli, e poi attribuiamo a ogni singolo frammento di pensiero una o più parole che usiamo per esprimerlo.

I nostri discorsi sono, quindi, la discretizzazione, la digitalizzazione, la verbalizzazione frammentata della continuità del nostro pensiero.

Altre nostre modalità espressive sono invece continue: il canto, la danza, i gesti, per esempio.

Ma quando ci esprimiamo con le parole, stiamo facendo un'approssimazione discreta di un "originale" continuo.

---

concetti semiotici imparati    analogico e digitale -
continuo e discreto

---

# 29

# Eppur mi son scordato di te...



Tra i vari danni involontariamente causati un tempo dalla scuola dell'obbligo c'era il modo in cui venivano insegnate le figure retoriche, dette anche «tropi».

A scuola ci insegnavano che sono degli abbellimenti del discorso, dei modi per ornamentare il nostro eloquio, la ciliegina sulla torta del testo.

In realtà i tropi sono dei veri e propri meccanismi semiotici di crescita ed evoluzione delle lingue le quali, come non mi stanco di ripetere, sono organismi viventi.

Ogni volta che una parola viene usata in modo "improprio" – ma a ben vedere tutti gli usi sono impropri, metaforici – resta traccia permanente di questo uso, come l'orma di un piede sulla spiaggia.

Quando cerco di replicare un certo uso di una parola che ho sentito o letto a opera di altri, è come se cercassi di mettere i piedi nelle orme già tracciate da qualcun altro sulla spiaggia: inevitabilmente i miei piedi in parte ricalcheranno l'orma preesistente, in parte la deformeranno e allargheranno e deborderanno.

Le poetesse sono Maestre nel creare orme strane dove prima non ce n'erano.

Quando leggiamo una poesia sentiamo verso per verso un "allargamento" della nostra comprensione, uno scombussolamento della nostra percezione di quelle parole.

La nostra mente cercherebbe in automatico di aderire a vecchi modelli percettivi, ma è spintonata dalla collocazione poetica inaudita, ed è costretta a ricatalogare l'esperienza per trovare spazio per la nuova significazione – formazione di senso.

Prendiamo «un tuffo dove l'acqua è più blu»: un tropo, o meglio una serie di tropi.

Il protagonista è stato infedele per dimenticanza: già questa è una metafora, perché in una relazione di coppia la dimenticanza non è possibile.

L'atto sessuale occasionale con un'altra persona è stato un tuffo, quindi è durato poco, non ha significato la costruzione di una nuova relazione.

Si è tuffato dove l'acqua è più blu: è stato attirato visivamente dalla bellezza e dalla trasparenza di una donna, descritta come bella, ma poco interessante sul piano razionale («niente di più»).

Questo ci viene suggerito dal verso «una ragione vera non c'è».

La partner a cui la canzone si rivolge è quindi meno attraente, ma più interessante.

I due emisferi del cervello del protagonista si sono sdoppiati: quello continuo, visivo, ha visto l'acqua blu e non si è più trattenuto, si è buttato a pesce.

Quello discreto, verbale e numerico, si rende conto che la persona più importante è quella che si trova ora nella penosa situazione di dimenticata.

La partner-compagna dimenticata sta a quella del tuffo come l'acqua meno blu sta all'acqua più blu.

Quindi la donna-acqua meno blu cos'è? acqua torbida? acqua grigia? acqua sporca?

Tutti accostamenti offensivi per la (ex?) compagna del tuffatore.

Ormai, dopo questa canzone, si sono modificati i sensi delle parole coinvolte, che non saranno mai più quelli di prima: blu, tuffo, scordarsi, ragione…

Queste parole hanno subìto una diversa semiotizzazione.

Nel dizionario sono rimaste le stesse, con le loro definizioni immutate, ma nella nostra vita hanno subìto un processo evolutivo.

Ed è per questo che la nostra vita è semiotica, non dizionario.

Le figure retoriche – che non sono affatto retoriche, evidentemente, ma fattuali – hanno modificato il senso di queste parole, le hanno risemiotizzate.

I tropi dunque muovono il mondo, creando il senso.

concetti semiotici imparati     tropo come motore
evolutivo del senso

# Conclusioni



Spiegare concetti complessi e, soprattutto, poco diffusi nella nostra società, con uno stile semplice e cercando di non essere troppo pesanti richiede un grande sforzo.

Do per scontato di non esserci riuscito in modo ottimale.

Dopo questa carrellata di canzoni e di princìpi fondamentali, che spero possano essere il piccolo seme di un futuro desiderio di approfondire anche in senso meno divulgativo, mi sembra importante offrire una seconda parte del libro, destinata alla consultazione.

Per questo ho preparato un piccolo glossario, con una sessantina di voci che mi auguro possano essere d'aiuto per chiarire meglio alcuni punti.

Anche queste sono dotate di esempi e non mirano all'esaustività accademica.

Teniamo presente che molte autrici che hanno enunciato i princìpi che ho cercato di "volgarizzare" in queste pagine lo hanno fatto in modo vago e tutt'altro che sistematico, al punto che sulla definizione di certi temi fondamentali – come l'interpretante – probabilmente nemmeno le cattedratiche sarebbero d'accordo tra loro.

«Bisogna che chi non sa si metta nelle mani di chi sa», diceva Manzoni, ma se chi sa non dice, non spiega, non si "sporca le mani" con la popolarizzazione e la divulgazione, chi non sa continua a non sapere.

A illustrazione di questo problema, racconto un piccolo aneddoto autobiografico.

Ancora dottorando in Italia, pubblicai un libro rivolto principalmente alle studentesse, e Peeter Torop, capo del dipartimento di semiotica all'Università di Tartu, mi disse che dal suo punto di vista quel libro lo potevo considerare valido come tesi di dottorato.

Di contro, una docente italiana con cui ero in confidenza mi suggerì di non fare menzione dell'uscita di quel libro alle docenti del dottorato, che avrebbero considerato una bassissima caduta di stile qualsiasi pubblicazione rivolta alle studentesse – che ai loro occhi era sinonimo di non scientificità.

Dal mio punto di vista, una scienza che si arrocca su sé stessa a spregio della popolarizzazione è segno di decadenza e di miopia, e porta alla formazione di due gruppi sociali contrapposti: élite tecnocratica e popolo bue.

Come diceva Gaber:

«Ora si possono vedere
sono una razza superiore
sono bellissimi e hitleriani,
chi sono? chi sono?
Sono i tecnocrati italiani.
Eins zwei, eins zwei, alles kaputt!
E l'Italia giocava alle carte
e parlava di calcio nei bar...»

In questo contesto, ringrazio le lettrici che hanno avuto la pazienza di seguirmi fin qui e invito quelle di loro che ne hanno voglia a contattarmi per darmi la loro impressione e suggerirmi modifiche per le successive edizioni.

Siamo in perpetuo cambiamento, e per me sarà un onore
se questo libro avrà contribuito al cambiamento di
qualcuna di voi.
Io di certo sono cambiato.


«E tu cambiavi sempre
dicevi che maturare
significa cambiare
e che fermarsi in fondo è come morire
e lo volevi dire
e lo volevi urlare
ed io urlavo con te»
(Vasco Rossi).

# Seconda parte - Glossario

**Abduzione**

Tipo di ragionamento nel quale, sulla base della constatazione di un evento, si fanno congetture su quali possano essere state le sue cause. Per esempio, compie abduzioni la detective in un romanzo poliziesco, che arriva a ipotesi suffragate da evidenza e così smaschera la colpevole.

**Analogico**

Tipo di comunicazione che ha luogo per analogia, tramite due cose simili tra loro per alcuni caratteri o aspetti. Per esempio, puntare alla tempia col dito per suggerire che qualcuno è matto indicando il cervello, presunta origine del problema.

**Attualizzazione**

Realizzazione pratica di un testo, sua resa in un contesto di comunicazione. L'esecuzione di un concerto musicale è l'attualizzazione sonora della partitura. La traduzione di un libro in un'altra lingua è l'attualizzazione interlinguistica dell'originale. La lettura ad alta voce di un libro è l'attualizzazione orale del testo scritto. «Attualizzare» significa realizzare delle potenzialità. Generalmente sono possibili più attualizzazioni diverse di uno stesso testo.

**Codifica**

Attività comunicativa consistente nel redigere un messaggio in un certo linguaggio. La creazione di un programma per computer è un'attività di codifica. Formulare una frase basata su un pensiero è un'attività di codifica. Dipingere un quadro è un'attività di codifica. Progettare un ponte è un'attività di codifica.

**Combinazione**

Collocazione in serie di elementi di codice allo scopo di costruire un discorso. Dopo avere **selezionato** il primo elemento da comunicare, il secondo e quelli successivi sono accostati al primo mediante combinazione. La combinabilità degli elementi è dettata da regole scritte (sintassi) e da regole non scritte (uso). Nel campo della moda affermare che due colori di vestiti non sono abbinabili è un principio di combinabilità.

## Comprensione

Vedi Decodifica.

## Concezione processuale del testo

Vedi Processo.

## Concezione soggettiva del segno

Le parole, le cose, i ricordi, le persone hanno un senso diverso per ciascuno. Per esempio, una persona che dal punto di vista di qualcuno è malvagia – un assassino – dal punto di vista di altri è una figura amata – un padre. Anche le parole, oltre ad avere un **significato** descritto nel dizionario, hanno anche uno o più sensi diversi nella concezione del mondo di ciascuno.

## Congettura

Supposizione su fatti non del tutto noti basata su ipotesi dettate da logica, probabilità, esperienza, intuito. La parola latina da cui deriva quella italiana suggerisce l'idea di «lancio»: possiamo immaginarci la congettura come il lancio di un'ipotesi, lancio che può dare un esito positivo o negativo.

## Contiguità

La connessione tra due elementi del discorso può avvenire per somiglianza o per contiguità. L'associazione per contiguità non ha una base logica, ma solo circostanziale. Una passeggera è contigua a un'altra su un mezzo pubblico. Una parola è contigua a un'altra in un discorso perché è

**combinabile** alla prima. Un ricordo è contiguo a un altro perché i due eventi sono occorsi in rapida sequenza, motivo per cui uno dei due (per esempio una stagione) richiama alla mente l'altro (per esempio una persona).

## Continuo

Linguaggio formato da elementi non distinguibili uno dall'altro, come la pittura, la fotografia, la scultura, parte della musica, il pensiero, il sogno. Nei linguaggi continui, si ha la comunicazione immediata di moltissimi dati (colpo d'occhio) non nei dettagli ma nell'insieme.

## Cultura

Sistema all'interno del quale si condividono determinate conoscenze e le si dà per scontate quando si comunica al suo interno. Le informazioni ovvie all'interno del sistema possono non esserlo all'interno di altri sistemi. Quando si comunica con altri sistemi, occorre specificare esplicitamente queste informazioni. Esempio: «L'ho letto sul Corriere» (in Italia). «L'ho letto sul Corriere della Sera» (all'estero). Nel parlare comune, spesso si usa la parola «società» per significare «cultura», «sistema culturale».

## Culturospecificità

Caratteristica che è tipica di un certo **sistema culturale** e che al di fuori non si incontra uguale. L'importanza attribuita al cibo e alla sua preparazione è una caratteristica culturospecifica italiana. La culturospecificità dei gusti alimentari.

## Decodifica

Comprensione di un testo, estrazione del senso successiva alla sua interpretazione.

## Deduzione

Tipo di ragionamento nel quale, sulla base della constatazione di un principio generale, si

puntualizza un caso particolare. «Stare in coda è
sempre noioso. Oggi sono stato in coda e mi sono
annoiato».

## Digitale

Tipo di comunicazione che ha luogo tramite la
trasformazione numerica del messaggio alla
partenza e la sua ritrasformazione all'arrivo. Per
esempio, la parola «Ciao» viene trasmessa
digitalmente come
01001100010100100100101001011000, e poi
all'arrivo viene ritradotta nella parola «Ciao».

## Discorso orizzontale pratico

Discorso nel quale le parole sono messe in ordine in base
alle regole sintattiche, e lo scopo della
comunicazione è pratico, trasferire informazioni,
informare qualcuno di qualcosa. Discorso
quotidiano ordinario. Per esempio: «Passami il sale».

## Discorso verticale poetico

Discorso nel quale le parole sono messe in ordine non in
base alle regole sintattiche (combinazione), ma per
analogia sull'asse della selezione (parole simili per
senso o suono), e lo scopo della comunicazione non
è pratico ma espressivo. Nel discorso verticale
poetico, l'oggetto della comunicazione è l'autore del
messaggio. Per esempio: «Segnato di linea di
sangue».

## Discreto

Linguaggio formato da elementi distinguibili uno
dall'altro, come le parole, la matematica. Nei
linguaggi discreti, si ha la comunicazione precisa di
moltissimi dettagli ma manca la visione d'insieme.

## Entropia

Misura del grado di differenza all'interno di un **sistema
culturale**. Se all'interno di un sistema culturale ci
sono molte differenze, aumenta il potenziale di
energia. La comunicazione tende a far conoscere le

differenze presenti in un sottosistema agli altri sottosistemi. Questa attività di traduzione culturale tra sistemi tende a far diminuire l'entropia globale accentuando l'entropia locale.

## Evoluzione dei segni esterni

Le parole, le cose, gli oggetti, le persone hanno un senso in continua evoluzione. Ciascuno di noi ha un rapporto con ogni singola parola in continuo divenire. Un rapporto affettivo paragonabile a quello che abbiamo con persone, animali, oggetti cari.

## Evoluzione dei segni interni

Nei nostri pensieri ognuno di noi ha un rapporto con ricordi, affetti, immagini di persone, rappresentazioni di cose. Tra noi e questi ricordi e immagini c'è un rapporto che si evolve continuamente. La nostra vita interiore consiste proprio nell'evoluzione di questo rapporto.

## Frame

In ogni società – **sistema culturale** – esistono situazioni che si ripetono simili tra loro al punto che qualcuno le chiama «sceneggiature», come quelle dei film. Andare a fare la spesa, andare a votare, guardare la tv seduti sul divano in salotto, fumare una sigaretta, eccetera sono situazioni che si ripetono quasi uguali. L'esistenza di questi *frame* influenza il comportamento dei cittadini, che se ne vogliano conformare o discostare. I *frame* sono **culturospecifici**.

## Gusto

I gusti e le preferenze di ciascuno costituiscono una vera e propria **ideologia individuale**. Così come l'orientamento politico, la religione, il tifo sportivo costituiscono ideologie collettive, i gusti per il cibo, la moda, il design, i partner sono ideologie personali.

## Icona

Tipo di segno caratterizzato da una relazione di

**somiglianza** con l'oggetto. Per esempio l'icona di una tenda canadese su un cartello ha il significato di «campeggio».

## Ideologia individuale

Diversamente dalle ideologie collettive – politiche, religiose, sportive, eccetera – quelle individuali sono espresse sotto forma di gusti, preferenze, amori, affetti.

## Indice

Tipo di segno caratterizzato da una relazione di **contiguità** con l'oggetto. Un dito puntato è un esempio di indice.

## Induzione

Tipo di ragionamento nel quale, sulla base della constatazione di un evento che si ripete più volte, si fa l'ipotesi che tale regolarità costituisca una vera e propria regola. Per esempio, se vedo molte volte i ladri che indossano una mascherina paraocchi nera, posso compiere l'induzione che *tutti i ladri* indossino una mascherina paraocchi nera. L'induzione è spesso chiamata «generalizzazione».

## Interpretante

Reazione mentale automatica e incontrollabile alla percezione di qualcosa. Eco che si sprigiona dalla mente in risposta alla percezione di qualcosa, che a sua volta rimanda a un pensiero o un oggetto. Per esempio, vedo una persona che appartiene alla mia famiglia, nella mia mente si sprigiona un segno-interpretante che rimanda all'oggetto-amore.

## Intertestualità

Influenza di un testo sugli altri testi. Presenza all'interno di un testo di elementi che sono stati volontariamente o involontariamente ricavati da altri testi. Per esempio, all'interno di un libro di ricette fare riferimento alla cucina dell'Artusi è un rimando intertestuale. In un'automobile contemporanea inserire linee e tratti che rammentano un'automobile degli anni Sessanta – come con la Fiat 500 – è un rimando intertestuale.

## Linguaggio interno

Linguaggio non verbale della mente. Spesso assimilato al linguaggio fatto di parole, in realtà il linguaggio interno può farne completamente a meno, essendo molto più veloce del linguaggio verbale. I pensieri viaggiano a una velocità elevatissima, che ci permette di fare molti pensieri mentre parliamo, compresi i pensieri che ci servono a programmare il discorso stesso che stiamo facendo. Parlare e scrivere sono azioni che richiedono la traduzione in parole (verbalizzazione) dei pensieri del linguaggio interno.

## Linguaggio verbale

Linguaggio fatto di parole, lingua. Linguaggio **discreto** costituito dalla combinazione di un numero finito di parole secondo regole dettate dalla sintassi e dalla collocabilità culturale.

## Metacomunicazione

Messaggio che ha lo scopo non di informare, ma di parlare del messaggio stesso. Comunicazione inutile dal punto di vista pratico, che serve ad ampliare la conoscenza, anziché a trasferirla.

## Metalinguaggio

1. Linguaggio che non è usato per informare, ma per parlare del linguaggio stesso. Linguaggio inutile dal punto di vista pratico, che serve ad ampliare la conoscenza, anziché a trasferirla.
2. Linguaggio settoriale tecnico appartenente a un determinato àmbito della conoscenza. Sinonimo di «terminologia».

## Modello

Forma di rappresentazione della realtà che non si limita a descriverla per quello che è al presente, ma ne prevede anche l'evoluzione per quanto riguarda gli aspetti che non sono ancora stati percepiti. Ricostruzione astratta, mentale della realtà considerata non come singoli elementi ma come sistema.

## Modellizzazione

Attività di creazione di **modelli**. La persona che percepisce qualcosa, volente o nolente, consapevolmente o inconsapevolmente, modellizza ciò che percepisce. La nostra attività mentale è dedicata in buona parte alla modellizzazione della realtà. La percezione pura non esiste, tutto ciò che viene percepito è ricondotto a modelli, e le nuove percezioni modificano e aggiornano e aggiustano i modelli mentali esistenti.

## Negazionismo

Meccanismo di difesa che finge che un dato di realtà non esista. La *political correctness* ha lo scopo non dichiarato di negare le diversità e la scomodità di certe caratteristiche delle persone e della società.

## Non-detto

Ciò che è sottinteso in un discorso, perché viene dato per scontato in un dato contesto, è chiamato «non-detto». Il non-detto non viene detto perché, altrimenti, il messaggio sarebbe ridondante, inutilmente prolisso. Il non-detto di un sistema culturale non corrisponde a quello di un'altra società.

## Numerico

Vedi Digitale.

## Oggetto

Elemento a cui rimanda l'**interpretante** formato dalla percezione di un segno.

## Paradigmatica

Funzione che consiste nel selezionare un elemento del discorso tra vari possibili nel contesto dato. Per

esempio, nel formulare la frase «Vado a casa», la
parola «vado» è stata selezionata da un paradigma
formato dalle altre forme del verbo «andai» «andrò»
eccetera, e da un paradigma formato dagli altri verbi
possibili «mi reco», «viaggio», «mi trasferisco», «volo»
eccetera, e da un paradigma formato da altre azioni
possibili: «resto», «andiamo», «dormo», «cucino»,
eccetera.

## Pattern

Sequenza regolare, intelligibile, discernibile in certe azioni
o situazioni. Sulla base di un pattern riscontrato,
viene poi costruito un **modello**.

## Processo, Testo come – tra le menti

Il testo è un processo che si svolge tra la mente
dell'autrice e la mente della lettrice. Il testo scritto
non è il testo, ma solo il potenziale per lo
svolgimento del processo.

## Rappresentazione

Raffigurazione mentale per mezzo di segni, figure, o
immagini, di aspetti della realtà esterna o di entità e
concetti astratti. Ognuno si crea una
rappresentazione mentale della realtà; sulla base di
questa rappresentazione vengono fatte scelte, prese
decisioni, programmate azioni.

## Sceneggiatura

Vedi Frame.

## Sé, senso di –

Dal punto di vista semiotico, l'individuo è un sistema
culturale a sé stante. Il senso d'identità di ciascuno è
dato dall'interpolazione tra l'identità dell'individuo
all'interno del proprio sistema, e tutte le identità
corrispondenti al rapporto tra individuo e i sistemi
culturali che frequenta.

## Segno

Qualsiasi cosa, parola, persona, entità interpretata in
quanto segno di qualcosa. Guardo fuori e vedo il

marciapiede bagnato, segno che sta piovendo.

## Selezione

Scelta – dal paradigma delle possibilità – dell'elemento adatto a costruire un discorso. Dopo avere selezionato il primo elemento da comunicare, il secondo e quelli successivi sono accostati al primo mediante **combinazione**.

## Senso

A differenza del **significato**, il senso non è codificato, ma è dato dalle circostanze in cui un discorso è **attualizzato**. Il testo assume un senso in base al contesto in cui un messaggio viene enunciato.

## Significatività

La significatività è la pregnanza di qualcosa in relazione al contesto. Affermare che qualcosa è significativo vuol dire affermare che si riconosce una relazione particolare tra la cosa e il contesto.

## Significato

Definizione data dal dizionario di un certo codice o linguaggio, omogenea nell'àmbito di un certo sistema culturale.

## Significazione

Azione di produzione del senso. Sinonimo di «semiosi».

## Simbolo

Tipo di segno caratterizzato da una relazione con l'oggetto non giustificata né da **contiguità** né da **somiglianza**. Per esempio, la colomba su un poster politico ha il significato simbolico di «pace».

## Sintagmatica

Funzione che consiste nell'inserire un elemento del discorso in modo che rispetti le regole combinatorie nel contesto dato. Per esempio, nel formulare la frase «Vado a casa», la parola «a» è sintatticamente corretta dopo «vado», mentre la parola «il» sarebbe stata scorretta.

## Sistema culturale

Vedi Cultura.

## Soggettiva, concezione – del segno

Vedi Concezione.

## Somiglianza

La connessione tra due elementi del discorso può avvenire per somiglianza o per contiguità. L'associazione per somiglianza ha una base logica, ma non circostanziale. La somiglianza può essere di senso (vino-birra), di suono (biglia-triglia), di accento (perfido-pallido), e così via.

## Stare per

Il verbo «stare per» è la parola chiave della semiotica: una parola **sta per** un oggetto, la nostra rappresentazione della realtà **sta per** la realtà nei nostri ragionamenti e pensieri, una traduzione **sta per** l'originale, e così via. La rappresentazione (stare per) non è mai equivalenza. La semiotica indaga come avviene questa rappresentazione.

## Testo

Vedi Processo.

## Testo nonverbale

I testi non sono soltanto quelli fatti di parole. Un concerto musicale senza parole è comunque un testo. Un quadro è un testo. Un edificio è un testo. L'abbigliamento che indossa qualcuno è un testo. La precondizione è che gli elementi che lo compongono siano coerenti e coesi.

## Testo verbale

Testo fatto di parole.

## Triade

La triade fondamentale della semiotica è quella tra segno, interpretante, e oggetto. Il segno suscita nella mente l'interpretante – una sorta di riflesso soggettivo – che rimanda a un oggetto – una cosa o un pensiero.

## Tropo

In semiotica le metafore – e gli altri tipi di tropo – non

sono ornamenti retorici, ma modalità espressive. Le culture si evolvono grazie ai tropi. I tropi alterano il senso delle parole e di ciò che descrivono, permettendo di vedere qualcosa sotto una luce nuova. Di qui, l'evoluzione del senso e del sistema culturale.

# Riferimenti


Aleotti Alessandro Carboniello Guido Mario Cherubini Lorenzo 2009 «Vecchia scuola». *DecaDance*. Milano, Best Sound.

Amurri Antonio, Buarque Chico 1967 «La banda». *La banda*. Milano, Ri-Fi.

Ayane Malika Nadaraj Richard Brown Allman 2015 «Non detto». *Naïf*. Milano, Sugar.

Aznavour Charles 1980 «Mon émouvant amour». *Autobiographie*. London, EMI.

Bacharach Burt 1969 *I'll Never Fall in Love Again*. New York, Scepter.

Baglioni Claudio 2020 «Mal d'amore». *In questa storia che è la mia*. New York, Sony Music.

Battiato Franco 1979 «Magic Shop». *L'era del cinghiale bianco*. Milano, Emi.

Battisti Lucio, Mogol 1970 «Emozioni». Milano, Ricordi.

Battisti Lucio, Mogol 1971 «Eppur mi son scordato di te». Milano, Numero Uno.

Battisti Lucio, Mogol 1972 «Confusione». *Il mio canto libero*. Milano, Fonorama.

Bersani Samuele Dalla Lucio D'Onghia Beppe 1994 «Spaccacuore». *Freak*. Milano, BMG Ricordi.

Brassens Georges 1966 «Le fantôme». *Supplique pour être enterré à la plage de Sète*. Amsterdam, Philips.

Britti Alex 1999 *Oggi sono io*. Santa Monica, Universal.

Capossela Vinicio 2006 *Ovunque proteggi*. Milano, Warner.

Consoli Carmen 1996 «Vorrei dire». *Due parole*. Catania, Cyclope Records.

Conte Paolo 1975 «Genova per noi». *Paolo Conte*. Roma, RCA Italiana.

Dalla Lucio 1979 «Anna e Marco». *Lucio Dalla*. Roma, RCA italiana.

De André Fabrizio Piovani Nicola Dané Roberto 1973 «Sogno numero due». *Storia di un impiegato*. Produttori associati.

De Gregori Francesco 1974 *Niente da capire*. Roma, RCA italiana.

Donà Cristina 2009 «Qualcosa che lasci il segno». Nizza Monferrato, Mescal.

Fedez 2011 «Andiamo via». *Tutto il contrario remixtape*. Milano, Harsh Times.

Fedez 2013 «Questa vita». *Sig. Brainwash - L'arte di accontentare*. New York, Sony Music.

Ferrer, Mogol, Testa 1964 «Un anno d'amore». *Un anno d'amore/E se domani*. Milano, Ri-Fi.

Gaber Giorgio 1973 «La presa del potere». *Far finta di essere sani*. Milano, Carosello.

Jovanotti Lorenzo 1994 «Parola». *Lorenzo 1994*. London, Mercury.

Lauzi Bruno, Fabrizio Maurizio 1989 *Almeno tu nell'universo*. Milano, Fonit Cetra.

Lolli Claudio 1976 *Ho visto anche degli zingari felici*. Milano, Emi.

Loqi 2018 *Sono un orso*. Disponibile in internet all'indirizzo https://www.youtube.com/watch?v=jrf9kcvCUsE consultato nel gennaio 2021.

Martin Elsa Battaglia Stefano 2019 «Elementare». *Sfueâi*. Tavagnacco, Artesuono.

Mina Amurri Antonio Canfora Bruno 1967a «Se c'è una cosa che mi fa impazzire». *La banda*. Milano, Ri-Fi.

Mina Amurri Antonio Canfora Bruno 1967 «Conversazione». *Conversazione/Sabati e domeniche*. Milano, Ri-Fi.

Mogol, Calibi, Angiolini, Donida 1965 «Le colline sono in fiore». Milano, Ricordi.

Pagani Mauro, De André Fabrizio 1990 *Le nuvole*. Milano, Ricordi-Fonit Cetra.

Pausini Laura, Cheope, Vuletic Daniel 2008 «Mille braccia». *Primavera in anticipo*. New York, Atlantic Records.

Pausini Laura 2011 «Ognuno ha la sua matita». *Inedito*. New York, Atlantic Records.

Romitelli Piero, Vicini Luca 2018 «Il sole a mezzanotte». *Molto più di un film*. Santa Monica, Universal.

Rossi Vasco 1979 «Quindici anni fa». *Non siamo mica gli americani!* Milano, Lotus.

Rossi Vasco, Curreri Gaetano, Grandi Saverio 2004 «Un senso». *Buoni o cattivi*. Milano, EMI.

Silvestre Francesco 2010 «Come un pittore». *Viva i romantici*. Cologno Monzese, Ultrasuoni.

Tiromancino 2002 «Per me è importante». *In continuo movimento*. Stockholm, Virgin Records.

Tozzi Umberto 1980 «A cosa servono le mani». *Tozzi*. Milano, CGD.

Viagra Boys 2020 «Common Sense». Stockholm, Year0001.

Zero Renato 1991 «Spalle al muro». *Prometeo*. Roma, Zerolandia.

# Dello stesso editore

Bruno Osimo Sei un vaso di fiori di campo
Bruno Osimo La scoiattola d'autunno


*Semiotica*

Bruno Osimo Semiotica semplice
Bruno Osimo Semiotics for Beginners
Bruno Osimo Semiotica per principianti
Lev Vygótskij, Pensiero e parola
Charles Sanders Peirce Filosofia della mente
Jurij Lotman Il testo nel testo
Jurij Lotman Le tre funzioni del testo
Jurij Lotman Autocomunicazione: «Io» e «Un altro» come destinatari
Jurij Lotman Le mie memorie 1922-1940
Jurij Lotman La semiosfera: culture
Jurij Lotman La cultura e l'intelligentnost'
Jurij Lotman Il ruolo dell'arte nella cultura
Jurij Lotman Asimmetria e dialogo
Jurij Lotman Il modello della struttura bilingue
Peeter Torop La semiotica della cultura. Introduzione alla scuola di
     Tartu fondata da Lotman.
Peeter Torop Biografia privata di Lotman attraverso gli autoritratti. Il
     discorso interno di uno studioso
Peeter Torop La transmedialità dell'autocomunicazione della cultura
Peeter Torop Sugli inizi della semiotica della cultura alla luce delle tesi
     della scuola di Tartu-Mosca


*Opere di Gógol'*

La lettera scomparsa
Notte di maggio ovvero L'annegata
La sera della vigilia di Ivàn Kupàla
La fiera di Soróčinci
Memorie di un pazzo


*Opere di Solženìcyn*

L'arresto. Vivere e morire ai tempi dei gulag
L'istruttoria. Torture, false confessioni, gulag
Storia delle fogne russe. Ondate di deportazione in gulag
La donna in lager. Vita quotidiana nei gulag


*Opere di Čechov*

Dùšečka

Zio Vanja
Tre sorelle
Il gabbiano
Il giardino dei ciliegi (L'amareneto)
L'insegnante di lettere
Dama con cagnolino: racconto
Casa con mezzanino (racconto di un pittore)
Racconto della signora X
L'isola di Sachalìn
La dacia nuova
A proposito dell'amore
I mužikì
Alle feste di Natale
Per affari di servizio
Nel baratro
Tre anni
Il duello
Ionyč: racconto
L'arciereo: racconto
La sposa: racconto
Kaštanka: racconto
Ragazzi: racconto
Principessa: racconto

*Opere di Tolstój*

Imparare a scrivere dai bambini
Infanzia
Non uccidere nessuno
Non posso stare zitto Contro la pena di morte
Su ciò che viene chiamato «arte»
Il Vangelo spiegato ai bambini
Il parassitismo
Sonata «Kreutzer»
Il desiderio sessuale
Religione e morale
Perché la gente si droga?
Perché non mangio la carne

*Opere di Dostoevskij*

Notti bianche
Memorie dal sottosuolo
Il villaggio di Stepànčikovo e i suoi abitanti

*Opere di Lèskóv*

L'ebreo in Russia
Il pellegrino incantato. Il mancino
L'angelo sigillato. L'ebreo in Russia


*Opere di Bulgàkov*

Comune operaia № 13
Il mago nero
Ho ucciso e altri racconti


*Opere di Pùškin*

Evgénij Onégin


*Fiabe popolari*

Sivko-burko
Fiaba su Ivàn-zarévič, sull'uccello-brace e sul lupo grigio
Vasilìsa la bellissima. La sorellina volpina. Ivàn Zarévič


*Sulla traduzione*

Peeter Torop Total Translation
Vlahov Florin The Translation of Realia
B., S.A. Osimo Cognitive distortion, translation distortion, and poetic
    distortion as semiotic shifts
Bruno Osimo On Psychological Aspects of Translation
Bruno Osimo Literary translation and terminological precision:
    Chekhov and his short stories
Bruno Osimo Basic notions of Translation Theory
Bruno Osimo Translation Studies. Contributions from Eastern
    Europe
Bruno Osimo Handbook of Translation Studies
Bruno Osimo Juri Lotman's Translation Handbook
Bruno Osimo Dictionary of Translation Studies
Bruno Osimo History of Translation
Bruno Osimo Roman Jakobson's Translation Handbook
Bruno Osimo The Translation of Culture
Bruno Osimo Prototext-metatext translation shifts
Anton Popovič La scienza della traduzione
Peeter Torop La traduzione totale
Aleksandar Lûdskanov Un approccio semiotico alla traduzione
Vlahov Florin La traduzione dei realia
Revzin Rozencvejg Manuale di semiotica della traduzione

Jiří Levý  La creatività linguistica e letteraria del traduttore
Jiří Levý Stile letterario e stile traduttivo. Come si forma il traduttese
Zuzana Jettmarová Teoria ceca della traduzione
B., S.A. Osimo Distorsione cognitiva, distorsione traduttiva e distorsione poetica come cambiamenti semiotici
Bruno Osimo Manuale del traduttore di Giacomo Leopardi
Bruno Osimo Peeter Torop per la scienza della traduzione
Bruno Osimo La traduzione totale. Spunti per lo sviluppo della scienza della traduzione
Bruno Osimo Teoria della mediazione linguistica
Bruno Osimo Traduzione come metafora, traduttore come antropologo
Bruno Osimo La memoria della cultura: traduzione e tradizione in Lotman
Bruno Osimo Traduzione e nuove tecnologie
Bruno Osimo Terminologia semiotica e scienza della traduzione
Bruno Osimo La lingua non salvata
Bruno Osimo Traduzione giuridica e scienza della traduzione
Bruno Osimo Traduzione della cultura
Bruno Osimo Traduzione letteraria e precisione terminologica
Bruno Osimo Traduzione e qualità
Bruno Osimo Traduzione: aspetti mentali
Bruno Osimo La traduzione totale di Peeter Torop


*Fuori collana*

Federico Bario Come batteva il tamburo
Aleksandr Ânov Le origini dell'autocrazia
Anatolij Rybakov Gli anni del grande terrore
Raffaello Giovagnoli Spartaco
Mihail Arcybašev Sangue
Mikhail Artsybashev Blood
Julija Voznesenskaja Decamerone delle donne
Solomon Volkov Pietroburgo. Storia culturale
Solomon Volkov Šostakovič e Stalin: l'artista e lo zar
Howard Rheingold Comunità virtuali
Bruno Osimo Il poeta in affari veniva da molto lontano
Bruno Osimo Esercizi di stile traduttivo
Bruno Osimo Melanzane dall'antipasto al dolce
Bruno Osimo Dizionario di psicoanalisi
Lucilla Porta, Una sorta di affetto. Romanzo
Tamara Nigi, Stazioni di transito. Haiku scritti sull'acqua
Poesia nascosta. Seicento ricette di cucina ebraica in Italia
Graziella Colonna, Memorie 1927-2024